JN334990

世界のエリートがIQ・学歴よりも重視！

「レジリエンス」の鍛え方

ポジティブサイコロジースクール代表
久世浩司
Koji Kuze

実業之日本社

私はいつも丁重に断っていたのですが「今、ご興味なくても構いません。久世さんが辞めるときになったらご一報ください」と言われるほどです。これは私個人の能力や実績というよりも「Ｐ＆Ｇ出身者」というブランドの評価が高いからだと思われます。

では、なぜＰ＆Ｇが多くの人材を輩出しうるのでしょうか。内部にいた者だからわかることがあります。

活躍する人材が生まれる3つの理由

その理由のひとつには、世界で最も優秀な人材を採用する「入り口」にあります。

日本を含めどの国でも上昇志向の強い若者にＰ＆Ｇは人気で、全世界で約五〇〇〇人の採用枠に一〇〇万人以上のエントリーがあります。「入り口」からして競争率の高い狭き門です。採用される人のなかには著名ビジネススクールのＭＢＡ取得者もめずらしくはありません。

そして質の高い原石のような若者が徹底的に磨かれてビジネスエリートに育ち、「出口」から卒業する。優れた人材を輩出する仕組みがそこにはあります。

日本にいながら、世界クラスのエリートから薫陶を受ける機会があることも二つ目の理由として考えられます。

P&Gにとって日本市場は戦略的重要地域であり、数ある外資系企業が成果をあげられずに縮小・撤退するなかで「世界で最も厳しい日本の消費者が満足する製品を作ってこそ、P&Gは世界で勝てる」という強いコミットメントがありました。日本で勝つために、世界中からトップエリートが送り込まれていたのです。

日本法人で成果をあげ、その後米国本社に戻りCEOとなった経営者も三名います。現在数千億円規模の事業責任を担う経営幹部の多くも、日本の消費者の洗礼を受け、日本で成果をあげています。

今から振り返ると、私が本当に恵まれたのは、世界のどの企業でも活躍できる真のビジネスエリートたちと働く機会があったことです。直属の上司として指導と薫陶を受け、ロールモデルとしてその働き方をお手本にし、メンターとしてアドバイスをもらうことができました。

三つ目の理由として、若いうちから大きな仕事を任せて人を育てるやり方があげられます。私は台所洗剤を担当する平社員から化粧品部門のマーケティング責任者まで幅広く経験しました。新商品の責任者となり莫大な予算を使ってヒットさせたのは入社三年目で、三〇代にはグローバル規模の商品開発の責任者や数百億円規模の事業オペレーションを任されています。私が所属したマーケティング本部は、期せずして将来の幹部候補を養成する登竜門的な部署だったこともあり、リーダーになるための基礎から経営管理まで徹底的に鍛えられたのです。

経営学者のピーター・F・ドラッカーも「成功の鍵は責任である。自らに責任を持たせることである。あらゆることがそこから始まる。地位ではなく責任である」と書籍に記しています。私もその通りだと思います。自分も大きな責任を与えられることで成長してきた自負があるからです。

有名ビジネススクールでは教えない大事なこと

しかし責任を避ける人がいます。失敗を怖れて、自分が責任を負うことを回避しているのです。または自分の実力を超える責任を求め、周囲の予想通りに失敗し、こころが折れて再起できなくなる人もいます。

私が接してきた真のビジネスエリートらは、責任を回避することはありませんでした。ときに失敗をすることもありましたが、すぐに立ち直り次の成功へと結びつけるという「転んでもただでは起きない」忍耐強さを感じさせました。

ただの優秀なエリートとは違う何かを、事業の責任を持ち、リアルな実業に携わる毎日のなかで身につけていたのです。

これはビジネススクールでの学習だけでは養うことが難しいものでしょう。その鍛え抜かれた何かがあったからこそ、持続的に成果をあげ、長いキャリアにおいての成功をもたらすことが可能になったのです。

ＩＱや学歴ではない、エリートを真のビジネスエリートたらしめる何かがそこには存在しました。私はＩＱや学歴を軽視しているのではありません。ただ頭脳明晰な人たちのなかにも、持続的に成果をあげるたくましいエリートと、キャリアのどこかで挫折してしまう脆いエリートがいるのではないかということに気づいたのです。

その違いは何か。私はそれが、本書で紹介する「レジリエンス」だと考えています。

私は外資系企業のキャリアと海外での経験を通してその重要さに気づきました。そして自分にも、さらには日本人の多くのビジネスマンにもレジリエンスに関する知識やスキルが不足していることに気づきました。それは将来的なハンデとなると考えています。

そして、それこそ失敗を怖れずに、レジリエンスにかかわる事業を立ち上げました。今ではレジリエンスを人に教える立場にいます。当初はビジネスマンを対象にしていましたが、教えていくうちに幸せで充実した生き方・働き方を求めている人にとって、レジリエンスほど必要とされているものはないと考えるようになりました。現在は子どもからシニア世代までさまざまな人にレジリエンスを紹介しています。

さて、ビジネス・人生の成功、そして幸福感や充実感にかかわる「レジリエンス」とはいったい何なのか。いよいよ本編にて明らかにしていきます。

世界中のエリートがIQ・学歴よりも重視！

「レジリエンスの鍛え方」目次

第三章

第三の技術
「やればできる！」という自信を科学的に身につける

第四章　第四の技術　自分の「強み」を活かす……141

第五章　第五の技術　こころの支えとなる「サポーター」をつくる……165

装幀・本文デザイン　柿沼みさと

序章　レジリエンスを学ぶ前に

Part.1　レジリエンスとは何か

「無理！」と言い訳する時代からレジリエンスのある時代へ

「レジリエンス」とは、もともと環境学で生態系の環境変化に対する「復元力」を表す言葉として使われていました。それが現代心理学で人の「精神的な回復力」を示す言葉として使われ始めました。

オックスフォード英語辞典によれば「レジリエンス」は「曲げる、伸ばされる、つぶされるなどの後に、もとの形状に弾力的に戻る能力」、そして「困難な状況に耐え、素早く回復する能力」としています。アメリカ心理学会では、レジリエンスのことを「逆境やトラブル、強いストレスに直面したときに、適応する精神力と心理的プロセス」と説明しています。後者の説明のほうがビジネスに携わる人にはしっくりくるかもしれません。「再起」や「再生」という言葉もレジリエンスの意味としてイメージしやすいでしょう。

この「再起」や「再生」は、実は今の日本社会のキーワードだと考えます。

バブル崩壊後の「失われた二〇年」が過ぎ、アベノミクスという言葉のもと、「ついに停滞の時期が終わるのではないか」「これまでよりも景気が回復するのではないか」という期待感が少しずつ芽生えています。

実感は人それぞれに違いがあるでしょう。しかし私は客観的にその変化を感じています。現在家族と海外に居住しながら月一回の頻度で東京に飛行機通勤している私は、都内の人々の様子や雰囲気を定点観測することができるユニークな立場にいます。

前職でも消費者調査をよく行いましたが、街中を歩く人のファッションや人々の会話の内容、そしてメディアから伝えられるメッセージなどを観察すると、悲観性よりも楽観性に、下向きよりも前向きな言葉が多く聞かれるようになりました。私が教えている受講生にはプロの講師やコンサルタントもいらっしゃいますが、皆さんとても忙しそうです。企業の景気が回復し、それまで削減していた人材育成に投資する会社が増えているのです。

安倍総理が打ち出している強気のメッセージも日本人の心理に深く影響していると思います。東日本大震災からの復興、強い経済を取り戻すための再生、そして二〇二〇年の東京五輪へ向けての国家としての再起など、長い停滞が続いた流れを上向きに変え、力強く成長しようとする前向きさが感じられます。

安倍総理本人が政治家としてのキャリアのどん底を味わい、そこから再び立ち上がった人物であるため、政府から伝えられる「再起メッセージ」には今までの総理大臣にはなかった意志や感情が込められているようで、私たちのこころに響くのかもしれません。

しかし「失われた二〇年」の悪影響はまだ残っています。この二〇年は停滞した時期が続いたせいか、日本人全体が「無理」をするのをやめていたように感じるのです。

バブルの失敗を経験してから、身の丈にあった会社経営、そして個人の生活へとシフトされました。肩肘張らない自分らしい生き方を否定するわけではありません。むしろ、自分らしくオーセンティックな生き方は幸せにつながるので、推奨したいくらいです。

でも、これまでの日本人はその意味を間違えて理解してきたような気がするのです。新しいことや困難を前にしたときに、「無理」をして、一歩前に踏み出すよりも、失敗を怖れ、新しい挑戦や困難から逃げる。この「無理をしない」ことを、自分らしい生き方とすり替えていないでしょうか。

確かにチャレンジが失敗に終わるものなら、なぜ失敗したかを考えるよりも、自己否定ばかりしがちです。また、挑戦する人を批判する風土があることも事実です。

でも失敗を怖れてばかりいては、何ひとつ新しい物事が生まれません。「無理」とは、無謀や無茶とは違います。たとえば充分な貯金もないのに独立・起業して家族に貧しい思いをさせる四〇代サラリーマンは「無謀」ですし、何日も徹夜して不眠不休で働くことは「無茶」です。無謀なことは成功する確率が低く、無茶な行為は長続きしません。

私が言う「無理をする」とは、失敗に怖れずに新しいことや困難に挑戦をすることです。しかもしなやかで合理的で柔軟な思考を持ちながら、チャレンジをする。その結果失敗したのなら、速やかに立ち直り、そこから学ぶべきことは学び、より賢くたくましくなって新たな挑戦をしていくことなのです。

失敗への怖れを生む「無理」ができないこころ

国や経済だと少し遠い話かもしれません。では、個人のビジネスマンとして「失敗を怖れる」とは何でしょうか。

答えは簡単です。あなたが仕事上で嫌だなと感じる場面を思い浮かべて下さい。「新規プロジェクトのリスクが気になり、やめる理由ばかり探してしまう」という大きな責任を背負った場面や「他社から転職してきた上司の指示についていけない」といった人間関係がそうです。

「嫌な仕事は先送りにしてしまう」「新しい目標をたてても三日坊主に終わってしまう」というようなついやりがちなこと、「ミスをしても会社になかなか報告できない」「初めてのお客さまに営業の電話をすることができない」など、こころの問題になっていることも失敗を怖れている結果でしょう。

これらは本来やるべき行いを無意識に避けてしまう「行動回避」という癖のようなものです。そして行動回避をする人たちの口癖が「無理！」といって断ることなのです。

「この仕事をやってくれないか」と頼まれると「無理です」と答える。「あなたならできる」

と励まされても「無理」と反応する。「新規のお客様の開拓のために電話をしなさい」と指示されても「無理です」と断る。

無理という言葉は、昔はこのような使われ方をされていませんでした。ところが今では子どもから大人まで、無理という言葉を便利な「言い訳用語」として使っています。「できません」よりも「無理」と言うほうが、お願いされた仕事や新しいチャレンジがリスクばかりで非常に困難なことのように演出でき、断っている本人の自尊心が損なわれないのかもしれません。

新しい試みや仕事に対して「無理」と言いながら行動回避する人の内面には、ある共通した心理があります。それは「失敗に対する怖れ」です。「失敗は悪だ」「面倒なトラブルに直面したくない」という心理が、失敗につながるリスクのある行動を無意識のうちに回避しようとするのです。行動回避したくなる気持ちは、程度の差こそあれ誰のこころにもあるものです。実際に少なからず行動回避してしまうこともあるでしょう。でも、行動回避が「癖」となったら、どうなるでしょうか。

日本の「失われた二〇年」と同じになると思いませんか。自分の人生やキャリアがどことなく低調な状態が続く、あるいはさらにひどい不幸な状態へと下降してしまう。そんな気がしないでしょうか。

ビジネスで言えば、仕事でなかなか成果をあげられない状態がこれにあたります。とくに新規顧客開拓の営業のような不確定要素の高い仕事や、新規プロジェクトなど手順が決められていない新しい業務を任せられると、何をしていいのかわからずに脳がフリーズしてしまいます。新しい仕事をする人材が求められ、本人にとっては好機となりうるチャンスが訪れても、決定をすることができずに先延ばしにして、キャリアの転機となる貴重な機会をみすみす見逃してしまう人も少なくはありません。

企業の多くはアジア新興国に積極的に進出し、将来の成長を期待していますが、海外で活躍できる機会が訪れても「英語が苦手だから」「子どもの教育が心配だから」などの言い訳をして行動を回避してしまうのです。

企業についても同じことが言えます。「失敗は悪だ」という社風が染みついた会社は、ビジネスの好機が訪れても「前例がない」「うちの会社では無理だ」と言い訳をして、今すぐに行動できず、国内の競合他社だけでなく、韓国や中国の企業にビジネスチャンスを与えてしまいます。

行動回避の癖は慢性的な不満を生む

極論かもしれませんが、私は「行動回避の癖のある人は幸せになれない」と考えます。とくにビジネスマンについてはそう確信しています。ビジネスでの充足感や幸せの瞬間は、無理とも思える挑戦に向かい、自分の能力を最高レベルで発揮させる背伸びした状態でもたらされることが多いからです。

難しいことに挑んでいるときに、疲れも感じず時間が経つのを忘れてしまう、恍惚感とも言える体験をすることがあります。そして高い目標を乗り越えたときには、達成感が得られます。達成感は幸せの要素となります。

しかし失敗を怖れて行動を回避する癖のある人は、自分の「快適ゾーン」という安全心理領域に引きこもる内向きの働き方をしがちです。だから充実感や幸福感を体験することが少ないのではないでしょうか。

失敗を怖れるあまり、本当にやりたいことを我慢している人も少なくはありません。これも行動回避の一種です。「家族の生活のことを考えて我慢している」と言うと聞こえはいいのですが、逃げている行動であることには変わりありません。「準備ができたらやりたいことを始める」と言う人もいますが、これも言い訳です。

行動回避を続けているうちに慢性的な不満が生まれるだけで、あまり幸せになれません。こころのなかに巣食った慢性的な不満は、ストレスを溜め、自分をいらだたせるだけではなく、仕事の充実感や人生の幸福感をゆっくりと、しかしながら確実に蝕《むしば》みます。じわりじわりと私たちを不幸に感じさせてしまうのです。

行動回避の癖を抱えた私がレジリエンスを身につけたとき

えらそうに言う私も、実は「無理」と言い訳をし続けて本当にやりたいことができずに不幸せに感じていたビジネスマンの一人でした。

私は講演会や研修などで自己紹介をするときに「人生チャート」を使用することがあります。縦軸が幸福度、横軸が時間軸で、自分が社会人としてキャリアを始めてから現在に至るまでの変遷を表すものです。

自分のことを理解してもらうために、私はホワイトボードなどにシンプルで大きな「N」を書きます。「何だ、これは」と興味を引いてから自分の物語を話し始めます。本書でも同じように、「N」を入れてみました。参照しながら読み進めてください。

私は社会人になってから安定したキャリアを歩んできました。失敗や苦労もありましたが、それ以上にビジネスマンとしての自信を育むような仕事も多かった。上司や先輩、そして仕事に恵まれていたと感じます。

ところが三〇代半ばで初の海外転勤をしたときに、仕事で予想外の問題とトラブルが重なり、ストレスと疲労と将来の不安の三つが重なって、精神的にかなり落ち込んでしまったのです。医師の世話にはなりませんでしたが、睡眠障害や繰り返される不安、肩や腰のしつこい痛みや頭痛・腹痛など抑うつの徴候が出ていました。つらい時期でした。

その頃はまるで渦に巻き込まれて深く暗い海底にいつまでも沈んでいくような憂鬱な気分が続いていました。

不安・怖れ・憂鬱感・罪悪感といったネガティブ感情の悪循環が原因です。夜寝る前に仕事上の心配事で頭がいっぱいになり、失敗をした嫌な夢を見て、朝の目覚めもさえない日々でした。自分で尻を叩きながら、何とか会社に行くような毎日でした。私がこころの病になりでもしたら、家族が路頭に迷ってしまうからです。

この頃にイギリスから来たある心理学者の集中講義を受ける機会がありました。以前は心理学にはまったく興味がなかったのですが、当時は自分のこころの悩みの解決策を求め、最新の心理学を学ぶそのセミナーに藁《わら》をもつかむ思いで参加したのです。それが「レジリエンス」でした。

講義は、科学的な理論と実証研究に裏打ちされた骨太な内容で、まさにそのときの私が求めていたもので、スポンジに水がしみいるように知識を吸収しました。早速その講義で学習したレジリエンスを高める七つの技術を仕事で応用してみました。

習得するまでには時間と自己規律を必要としましたが、医師にかかりうつ病の薬に依存することを考えると、がんばることができたのです。

その結果、ネガティブ感情の悪循環から何とか脱出して、精神的な落ち込みをストップすることができました。心理的に底打ちした状態になったのです。これはビジネスや株の

■著者の人生チャート

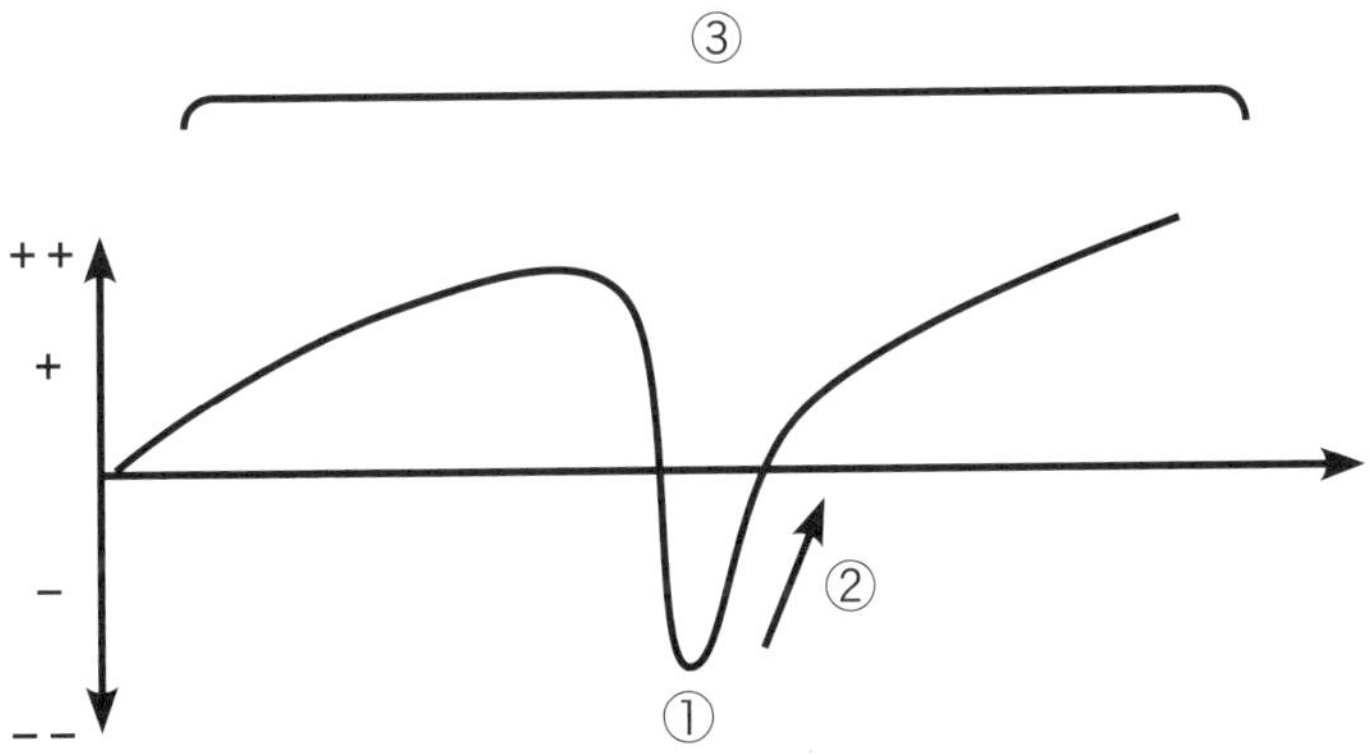

- 縦軸は幸福度を表わし、上に行くほど幸福な気持ちの状態、下に行くほど不幸な気持ちの状態です。
- 横軸は時間軸を表わします。自分が社会人になってから現在に至るまでの期間です。

投資でも同じですが、スランプに見舞われたときには早めに損切りをして底打ちさせた状態（図の①地点）にすることが大切です。

次は自分の目標に向けて這い上がって行くプロセス（図の②の範囲）でした。これは前向きな行動ではありますが、決して楽ではありません。再起する道は険しく、ネガティブ感情の悪循環に再度陥《おちい》らせる誘惑も多く、越えなくてはならない壁も高かった。

そこで私は自分が本当にやりたかったことは何かを素直に自問し、それを目標にすることに意志決定しました。その目標とは「無理だ、できない」と自分に言い聞かせてあきらめていたゴールだったのです。言い訳をすることをやめて、勇気ある一歩を踏み出すことで、上に向かって這い上がる決意をしたのでした。

再起した後は、すべてのことが好転しました。失敗続きだった仕事も以前よりもうまくいくようになり、責任も増え、部下の数も増え、給料も増えました。失敗しても立ち直ることができる、という自信がついたのか、新しい仕事にも臆せずにチャレンジできるようになりました（前ページの③の範囲）。

そして自分が本当にやりたいことを見つめ続けた結果、独立・起業し、レジリエンスを社会人や子どもたちに教える仕事を現在は行っています。チャートのように、今が一番幸せで充実しており、今後も右肩上がりのカーブがゆるやかに続くことを期待しています。

企業や学校で活用されるレジリエンス

現在、私はレジリエンスの専門家としてビジネスマンを中心にレジリエンスを養う技術を教えていますが、レジリエンスは、私の経験が示すようにこころが折れそうになる逆境から立ち直るための技術でもあります。だからこそ、この研究は競争が激化する市場で戦うグローバル企業でも注目されています。

海外ではロイヤル・ダッチ・シェルやゴールドマン・サックス、グラクソ・スミス・クラインなどが管理職研修やリーダーシップ開発で用いて、ストレスやプレッシャーに負けない強靭でたくましい精神を持ったマネージャーの養成に活用しています。

国内でも関心が高まっており、実際にレジリエンス研修を取り入れている国内企業もあります。最近私が行ったのは愛知県瀬戸市にある老舗企業でした。百年を超える歴史を持つその企業では、セラミック加工技術を中心とした高圧配電用機器ガラスなどを製造し、安定した売り上げと堅実経営を誇ってきました。家族的な経営を伝統とし、リストラなどとは無縁の会社です。

ただ海外から廉価な製品も輸入され、競争が激しくなってきているため、油断はできません。四〇代の若さで代表取締役に就いた現社長は、さらなる成長を目指して経営改革を断行します。その柱が最先端の技術を駆使した「焼結石英」というファインセラミックの商品を武器とした新規顧客開拓でした。目前に迫った年に一度の国際見本市で商談に成功すれば目標達成も無理ではなかったのです。ところが営業チームは失敗を怖れていました。過去三年間の見本市で期待した成果を得られなかったたったのです。そのためいくら努力をしても「無理だ」と考える無力感が芽生えていました。

その後ろ向きな姿勢を変えて、強くたくましい社員を望んだ社長が関心を示したのがレジリエンス研修だったのです。その研修を機会として、幹部社員の行動には変化が起きました。見本市後のアポイントメントでも、以前に比べてはるかにレスポンスが良いという早期の結果が確認されています。社員の態度が内面から変化したことが原因です。

ビジネスマンにレジリエンスを教えていくなかで、「逆境に負けない力は若いうちから身につけておくべきだ」とも痛感しました。

もともと三〇年以上に及ぶレジリエンス研究は、「うつ病の若年化」という学校教育における問題に対処する形でなされてきた経緯があります。思春期以降にうつ病にかかると、成人以降に再発するリスクが格段に高まります。そこで「うつ病の予防」として子どもたちがレジリエンスを養うカリキュラムを海外の学校では導入されていました。

私は有志一同と協会を設立しました。目的は、小学校から大学までを対象とし、レジリエンスを教えるプログラムを導入する教員を養成することです。このレジリエンス授業は、新しい心理教育として大きな成果をあげています。

ワタミグループの創業者で現在参議院議員の渡邉美樹さんが理事長をしていることで知られる学校法人郁文館夢学園にはグローバル高校があります。その高校のすべての生徒は一年生の冬から一年間海外に留学することとなっています。それは一〇代の子どもたちにとって試練であり、留学前にはストレスを募らせる生徒が多く見られました。

レジリエンスの授業はその留学前の高校生を対象として実施されました。違いが見られたのは、生徒たちの表情です。目は輝き、好奇心一杯の顔でレジリエンスに関する説明を聞き、熱心に演習に参加します。

その評価は非常に高く、教師も「それまであいまいで精神論になりがちだったこころのたくましさについて共通言語ができたのは大きかった」と感想を述べています。

授業の後に感情コントロール、楽観性、自尊感情、自己効力感、人間関係力から構成されるレジリエンスの尺度で効果を計測したところ、数値に改善が見られたことは関係者にとっての喜びでした。

またレジリエンスがもともと弱かった生徒たちほど伸びが著しく、厳しく大変な体験となりうる留学前に逆境に負けない力を養うことができたのは意義があったと考えられます。現在では受験前の高校三年生にもレジリエンスの授業が採用されています。

2 レジリエンスが必要とされる三つの理由

「はじめに」で私は、ビジネスエリートが持つ共通点に、失敗から立ち直り逆境を乗り越えて成長するレジリエンスがあると記しました。そして本章では、今の日本はレジリエンスを必要としているとも伝えました。もっと具体的にその必要性を説明しましょう。

ひとつ目に現代社会の「こころの健康」の問題があります。

ストレスや多忙で精神が疲労している人が増えています。とくにうつ病は社会問題となっており、職場でのうつ病は深刻です。うつ病にかかりやすいのは女性や若い年代が多いように思えますが、注意が必要なのは四〇代から五〇代のミドルです。「中年の危機」と言われるように、体の老化とともに精神面でダメージを受けやすくなり、将来のキャリアに限界を感じてしまうと希望が失望に、やる気が無力感に変わってしまうからです。

ビジネスマンにおいてキャリアは長期戦です。無茶をしてハードワークをする「短距離走」のような働き方も時には必要ですが、長続きはしません。むしろマラソンランナーのように、ペースを落とすことなく長い距離を走り抜くための「長距離走」的な働き方を必要としています。

キャリアの早い時期にその働き方を身につけておかないと、ミドルの時期に体やこころの病により脱落してしまうことがあります。キャリアは本人の実力と経験が積み重ねられた後期のほうが、リターンが大きくなるものです。生涯所得の大部分を最後の一〇年間で稼ぐビジネスマンも少なくありません。長く健康で働き続け、キャリアの黄金期を迎えるためにも、たくましさを身につけるレジリエンスが必要なのです。

二つ目に、今の日本は急速にグローバル化していることがあげられます。多くの企業では変化対応力が求められて、海外から日本を訪れて働く人が年々増えています。外資系企業もアベノミクス以降、中国経済の成長性の不透明さも相まって、日本地域の位置づけを見直す会社も増えてきました。二〇二〇年の東京五輪に向けて、その流れはますます加速すると思われます。

グローバル化が私たちビジネスマンにどのような影響を与えるのでしょうか。それは変化にオープンになり、多様性に柔軟に対応し、国籍を超えて活躍できる人材がますます必要とされてくるのです。意味ある変化を自ら創り出す変革的なリーダーのニーズも高まるでしょう。一方で、海外のビジネスエリートはタフです。日本とは異なり、過酷な競争を勝ち抜いてきた精鋭たちがたくさんいます。

今は言葉の壁があるために日本国内の企業で活躍できる余地は限られていますが、企業の英語化がさらに進むであろう五年後、一〇年後には、中国や香港、東南アジアやインドから日本で働くことを求めローカライズすることを望むエリートたちに高賃金の主要業務が奪われてしまう、または国外に流出することが予想されます。高賃金といっても日本人ほどの給与水準を必要とせず、企業としては節約になるからです。

グローバル化に対応するためには、英語力やビジネススキルだけでは充分ではありません。失敗や試練に負けないたくましさ、レジリエンスが欠かせないのです。実際に欧米ではレジリエンスの高いリーダーの人材育成が進んでいるのですから。

三つ目に、どう働くべきか迷っている人が増えていることがあげられます。周りに働き方のロールモデルがいないのが現状ではないでしょうか。とくに学校で「ゆとり教育」を受けて社会に出た若手社員は、ガツガツお金を稼ぐような働き方にはなじみません。

レジリエンスのある人は、働き方を模索している私たちにお手本を見せてくれると考えます。合理的に物事を捉える。しなやかに困難に対応する。たくましさを持って逆境を乗り越える。そしてつらく痛い体験から価値ある何かを学び、そのたびに成長する。それがレジリエンスを体現して仕事をしている人たちに共通することです。

本書では松下幸之助さん、樋口廣太郎さん、スティーブ・ジョブズ、大前研一さんなど私がレジリエンスのある働き方のお手本になると考える人たちの事例を載せました。

この人たちの特徴は、無理な仕事に挑戦するたくましさがありながら、自分に無理を強いた働き方をしているわけではないところです。高いレベルでの自己認識があり、自己の強みを活かせる土俵で仕事を注意深く選択し、感謝の念や仲間とのつながりを意識的に大切にし、自分らしくオーセンティックな働き方を体現してきた人たちです。

本を読まない人が増えていますが、その弊害に、自分のお手本となるロールモデルを持ちづらいことがあると私は考えます。ネットでの断片的な情報からは、自分が参考にできる働き方は学べません。仕事で成果をあげることを目指している人は、継続的に仕事で成果をあげた先達をお手本として学ぶべきです。身近にいなければ、本を読むのが一番です。

レジリエンスを鍛える七つの技術

まだイメージ程度かもしれませんが、レジリエンスのイメージは掴めたでしょうか。失敗を怖れて行動回避する癖を直し、失敗をして落ち込んだ気持ちから抜け出し、そこから目標に向かって前に進むことのできる力、それがレジリエンスです。

このレジリエンスを体系的に鍛えるための技術があります。その技術を紹介するのがこの本の目的ですが、まずは全体像を説明します。

レジリエンスには三つのステージがあります。まずは精神的な落ち込みから抜け出し、下降を底打ちさせる段階（図の①地点）です。海で渦に巻き込まれて溺れそうになったと想像してください。このままでは深い海に飲まれて這い上がることもできない。その瀬戸際で何とか渦から脱出するのがこの段階です。

そのために必要な第一の技術が「ネガティブ感情の悪循環から脱出する」テクニックで

す。失敗の怖れや不安などのネガティブ感情は、しつこく繰り返されることにより「行動回避」につながる悪循環を生み出します。そのサイクルを断ち切るための気晴らしの方法を持つことが第一の技術となります。

そして第二の技術が「役に立たない〝思いこみ〟をてなずける」テクニックです。深層心理に刷り込まれた思いこみを発見し、効果的に対処することでネガティブ感情が生まれる根本原因を解消することにつながります。

これら二つの技術を活用することで、失敗やトラブルといったピンチが原因として起こる精神的な落ち込みを「底打ち」することができます。これがレジリエンスのゴールではありません。あくまで第一ステージであり、マラソンなら「折り返し地点」にすぎません。

精神的な落ち込みに「底打ち」した次の段階が、上方向に向けて這い上がる（図の②の範囲）のステージです。ここで勢いがつけば、まるで上昇気流にのったかのように一気に駆け上がることも可能です。

「逆境をバネに飛躍する」とはよく言いますが、まさにこのプロセスを意味します。

ただ、そのためには這い上がるための「筋力」が必要となります。経験した人であればご存じだと思いますが、失敗やミスをして一度精神的に落ち込むと、そこから元の状態に戻るだけでも難しいものです。

海で渦に巻き込まれたが、何とか渦から脱出することができた。しかし次に待ち構えて

■レジリエンス３つのステージ

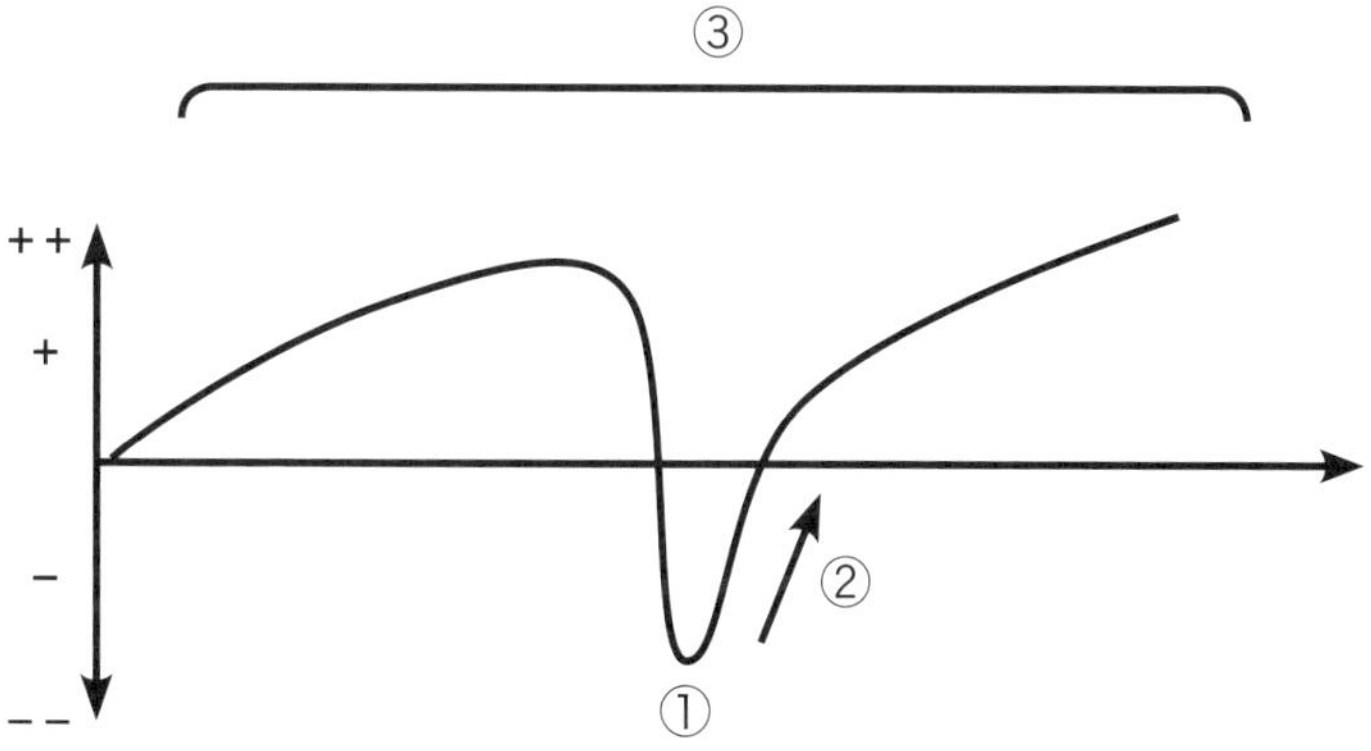

① 精神的な落ち込みから抜け出し、「底打ち」した段階
② レジリエンス・マッスルを使って、再起する段階
③ 過去の逆境体験から一歩離れて、高い視点から俯瞰する段階

いる挑戦は、海上まで泳いで上がることです。そのためには重力に逆らって上昇するための筋力と効率的に泳ぐためのスキルが必要となります。それが困難に立ち向かう力であり、逆境を乗り越えて再起するために重要な心理的筋肉なのです。

本書で紹介しているレジリエンスの開発者である英国のイースト・ロンドン大学のイローナ・ボニウェル博士は、この筋肉を「レジリエンス・マッスル」と名付けました。「再起するための筋肉」という意味です。逆境を乗り越えるために使う心理的なたくましさの源でもあり、ストレス度の高い体験から自分の大切なこころや自尊心を守る緩衝剤としての役割も果たします。

「レジリエンス・マッスル」を鍛えることが、レジリエンスを養う第三から第六の技術となります。第三の技術では自信を科学的に身につけ、第四の技術では自分の「強み」を見つけて活かします。こころの支えとなる「サポーター」をつくるのが第五の技術で、第六の技術は、「感謝」のポジティブ感情を高める内容となります。そして最後が、精神的に痛みを感じるようなつらい体験から意味を学び、成長をするテクニックを習得することです。これが第七の技術となります。逆境体験を教訓化する力です。図の③にあたります。

■レジリエンスを養う7つの技術

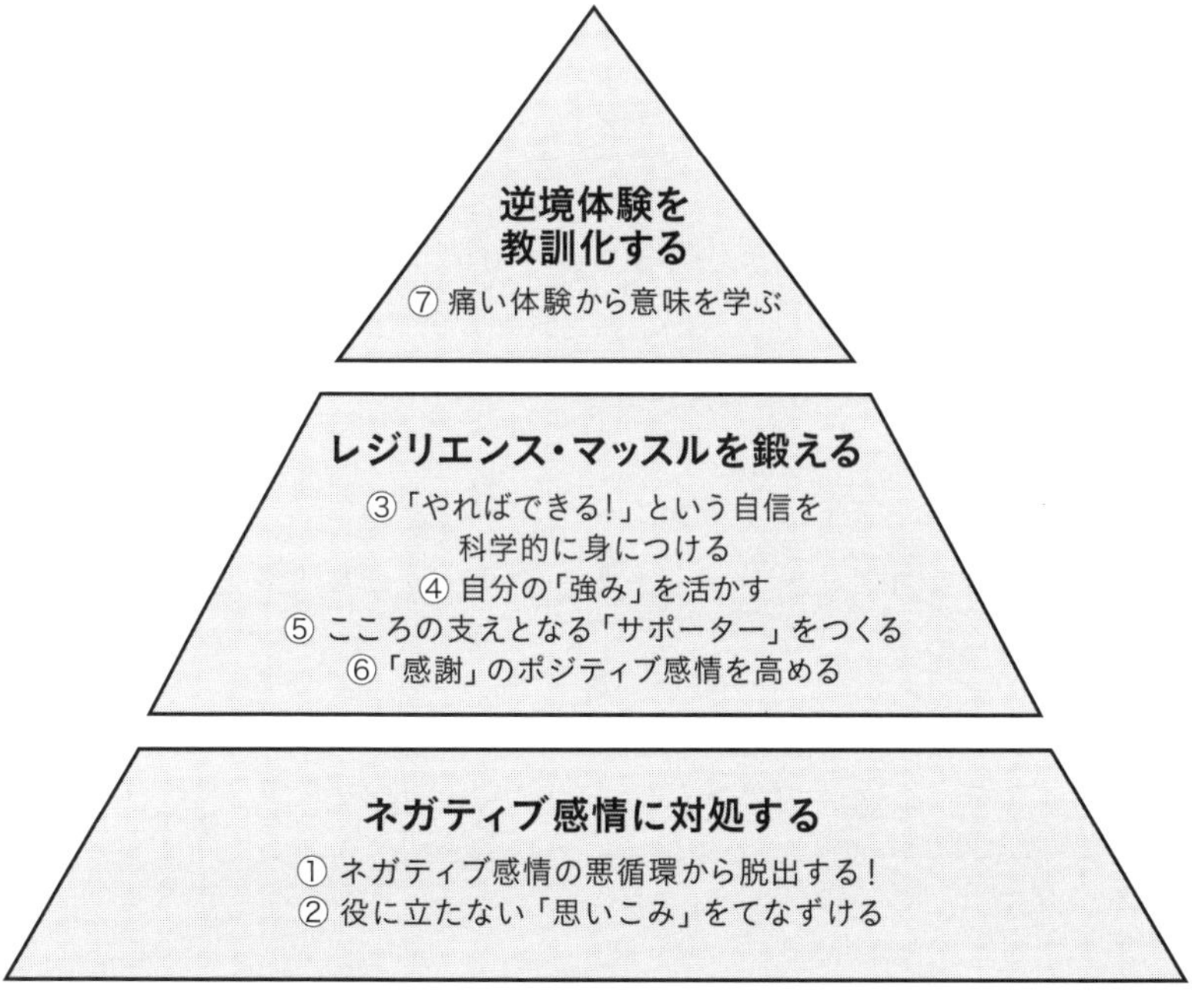
逆境体験を
教訓化する
⑦ 痛い体験から意味を学ぶ
レジリエンス・マッスルを鍛える
③「やればできる!」という自信を
科学的に身につける
④ 自分の「強み」を活かす
⑤ こころの支えとなる「サポーター」をつくる
⑥「感謝」のポジティブ感情を高める
ネガティブ感情に対処する
① ネガティブ感情の悪循環から脱出する!
② 役に立たない「思いこみ」をてなずける

七つの技術を学ぶ前に❶

レジリエンスはポジティブ・シンキングとは違う

実際にこの七つの技術を学ぶ前に、知っておいてほしいことが二つあります。

私は「失敗への怖れ」は問題だと述べました。怖れ、不安、心配といったネガティブな感情は私たちの積極性を奪います。しかし私は「ネガティブな思考や感情は悪だ」とは考えていません。そして「ポジティブになるべきだ」とも考えていません。

ひとつ覚えておいてほしいのは、レジリエンスはポジティブ・シンキングとは異なるということです。将来に不安を感じるのは当然です。失敗を怖れることも自然です。思い通りにいかないときにイライラするのも人間だから仕方がないことです。無理にポジティブになるのは不自然な行為です。

不安を感じてもいい。不安があるからやる気が出て達成につながるのです。失敗を怖れてもいい。失敗が怖いから私たちは真剣に学ぼうとするのです。怒りを感じてもいい。時に正しい憤慨は偉大な成果をあげる原動力となるからです。ネガティブな感情にもポジティブな役割を果たすケースがあるのです。

ただこれらのネガティブ感情に、無意識に支配されて悪循環に陥らなければいいのです。そのためレジリエンスを鍛える過程では、三つの姿勢を重視します。

◆現実を直[illegible]る
◆物事をしなやかに柔軟に捉える
◆合理的な思考を持つ

不安や怖れ、怒りなどのネガティブ感情に囚われた心理状態は、失敗体験や不運な出来事を大げさに捉え、自分ではどうすることもできないと頑固になり、問題を解決するのではなくあきらめてしまう結果になりがちです。

そうではなく、現実を正確に理解し、創造的にしなやかに対応策を考え、合理的な思考を持って行動する。それは結果として前向きな行動ですが、幻想的な楽観性や根拠のないポジティブ思考とは異なります。地に足のついた態度です。

これまでの経験から私は自信を持って断言できます。レジリエンスのある強くたくましくしなやかなこころは誰にでも学ぶことができます。レジリエンスに適齢期はありません。実際子どもからシニア世代までその能力を身につける事例を多く見て来ました。

そして確信を持って言えます。レジリエンスを身につけると、働き方や生き方、つまり人生が大きく変化します。レジリエンスの効果は絶大です。新しいことにチャレンジする第一歩を踏み出せるようになり、仕事も人間関係もうまくいくようになります。

ひとりでも多くの人がレジリエンスを身につけて、幸せと充実につながる働き方を始めてほしいと考えています。

七つの技術を学ぶ前に❷
失敗について学ぶ

もうひとつ、レジリエンスの七つの技術を学ぶ前に、失敗について理解をしてください。失敗をするのは誰にとっても嫌なものです。できれば避けたいものです。でも仕事でも学業でもスポーツでも、人生に失敗はつきものです。

昔の人は「失敗こそが最高の教師である」「大失敗をする者だけが大成功を収める」と伝え、「失敗は成功の素」とも言われています。しかし失敗は、不快な体験です。失敗やミスが続くと人に迷惑をかけ、会社からも評価されません。成功にたどりつく前に精神的に落ち込んで挫折をしてしまうこともあります。

失敗は誰にでも起きることだからこそ、ピンチになったときには慌てるのではなく、事前にこころの準備をしておくことが必要です。そのためには失敗体験の後に私たちのこころや体がどう反応するかを知ることが重要でしょう。

そこで、レジリエンスの鍛え方を紹介する前に、序章のパート2として失敗について考えます。失敗体験を怖れないためには、失敗についてより深く理解することが大切だからです。そしてそれはレジリエンスをトレーニングする前の予備知識となるはずです。

Part.2 失敗を怖れないために失敗について理解する

失敗をしたときに芽生えるネガティブ感情は危険！

私たちは大きな失敗に直面すると、パニックになり思考停止に陥りがちです。物事を冷静に考える力を失ってしまうのです。「この失敗は自分の責任だ」「人に迷惑をかけて申し訳ない」といった自責の念で頭のなかがいっぱいになり、それがきっかけとなって怖れ、不安、罪悪感、憂鬱感、羞恥心などのネガティブ感情が一気に現れます。

ネガティブな感情は私たちの行動に影響を与えます。たとえば怖れの感情は逃避行動につながる。不安を感じると、さらなる失敗を回避するために、新たな挑戦のやる気をくじかせる。罪悪感は迷惑をかけた人への謝罪行動を促し、憂鬱感は引きこもりの行動に導く。

羞恥心は私たち日本人にとってとくに注意が必要なネガティブ感情かもしれません。恥ずかしいと思う気持ちはある意味で日本人が持つ美徳ですが、それが過剰になると羞恥心として根強く残り、人とかかわるのを避けたいと感じるようになります。そして他者に対して弱くなり、服従的な態度をとるようになります。

失敗することは仕方がないことです。失敗することの真の問題は失敗した後に生まれるネガティブな感情に、こころが支配されてしまうことにあります。その経験が重なると、無力・無気力に感じることが癖となってしまいます。これを「学習性無力感」といいます。

離職につながる「無力感」というリスク

失敗が重なると、無意識のうちに無力感を「学習」してしまいます。問題はこの無力感が拡大してしまうことです。

たとえば仕事でうまくいかないと、他の分野でも失敗すると考えてしまいます。誰かとの人間関係に問題があると、ほかの友人や同僚とも上手に付き合えないと感じることもあります。失敗が原因で上司から非難されると、周りの人が皆自分のことを批判しているかのような被害者意識を持ってしまうことがあります。

これらは大げさで破局的なネガティブ思考なのですが、ある一分野で自分が無力に感じるようになると、他のことまで悲観的に考えるようになり、精神の深い谷間に落ち込んでしまうこともあるのです。

若手社員の無断欠勤や出社拒否、中高年のやりがいの喪失、そして従業員のうつ病といった職場の問題はこの無力感が原因になっているとも考えられます。本人の内面で悪循環が起きてその無限ループから抜け出せなくなっているのです。離職にもつながるリスクがあるため無視できません。

これらの職場の問題は、不登校や引きこもり、アパシー（無感動）やニートといった青少年の問題とも対比されます。根源は同じで、学校生活のどこかの場面で失敗経験が重なり、このまま将来も自分の思うようにいかないだろうと悲観的に考えるようになり、無力感を増してすべてに対して無気力になってしまったのでしょう。

「学習性無力感」の研究

無力感は学習される。この「学習性無力感」の研究は、米・ペンシルベニア大学心理学部教授のマーティン・セリグマン博士らによって行われました。

セリグマンと言えば現在では「ポジティブ心理学」の創始者のひとりとして世界的に有名な心理学者です。しかしその研究者としてのキャリアの初期は、ポジティブ心理学ではなく、うつ病研究の権威として名前が知られていたのでした。

セリグマンがまだ博士号を取得する前の二〇代の大学院生の頃のことでした。大学の実験室で研究員が困っているのを目撃したのです。

「問題は犬なんだ。犬たちが何もしようとしない。どうかしてしまったらしい」

実験用の箱に入れられた犬たちは、パヴロフの条件付けをされていました。ただしパヴロフ博士が行った、鈴の音を鳴らせば餌を与えるという条件付けの実験ではありません。高い音の合図の次に軽いショック（冬の乾燥した日にドアのノブで感じる静電気程度の刺激）を与えることで、犬がその後に与えられるショックを怖れて箱の敷居を飛び越えるかどうかを観察していたのです。犬を使って怖れの感情学習を学ぶための実験でした。

しかし犬たちはただ鼻を鳴らすだけで動こうとはしませんでした。これでは実験になりません。だから研究員はお手上げの状態だったのです。

しかし若きセリグマンには、まったく別の光景が見えていました。

犬たちはショックを逃れようとして箱の敷居を飛び越えても、再びショックが与えられる実験に戻されることになる。実験用の犬たちは愚かではなかったのです。起こりうる結果を学習したために「あきらめる癖」がついて、自ら無力になってしまったのです。

なぜ、セリグマンにだけ実験用の犬が無力感を学習してしまったことに気づいたのか。

その理由は彼の父親にありました。セリグマンの父親はとても真面目なハードワーカーでした。ところが病に倒れ、五〇歳前の働き盛りの時期に精神的にも肉体的にも麻痺状態に陥ってしまったのでした。青年のセリグマンが病室を訪れるといつも、無力感に打ちひしがれた哀れな父親の姿と接することになったそうです。

この実験用の犬の不可解な行為を目撃したときに、セリグマンの脳裏には父親の姿が思い浮かびました。それがセリグマンを「学習性無力感」という画期的な心理学理論の発見につながったのでした。自分の父親のような不幸な状態で悩む人を助けたい、という意志があったのでしょう。

ブラック企業の従業員のやる気を失わせるメカニズム

学習性無力感をわかりやすく説明するとこうなります。

① 不快な体験が起こる
② 状況を変えることは自分ではコントロールできないと認識する
③ 将来もこの不快な体験は続くだろうと悲観的な考えが生まれる
④ 将来も自分のおかれた状況をコントロールできないと認識する
⑤ 無力感を学習する

「学習性無力感」の理論を理解すれば、「ブラック企業」と批判される会社がなぜ従業員を無力に感じさせてやる気を失わせているのか、そのメカニズムを科学的に分析することができます。

① 従業員が不快と感じる職務（たとえば過剰労働）を任せる
② 自分ではこの状況を変えることはできないと認識させる
③ 将来もこの不快な職務状況は続くだろうと考えさせることで悲観的な思考が生まれる

④将来も自分のおかれた状況をコントロールできないと認識させる

⑤従業員が職場での無力感を学習してしまう

結果として社員がこころの病を抱え、精神も肉体も疲労し、離職することになります。

一部上場企業でも定年前のシニア社員に自尊心や誇りを低減させるような職務を与えざるをえない会社が増えています。

六〇歳定年だったものが、年金給付年齢が延長となり、政府は企業が六五歳まで雇用を継続するように推奨するようになりました。しかしシニア社員に以前と同じ職務を与え続けると、高齢によるミスなどのリスクだけでなく、若手社員の仕事にしわ寄せが生まれ、組織の若返りも図れません。社員の平均年齢が高い、「高齢化」会社となってしまいます。

そこで六〇歳を超えた従業員にはそれまでの通常業務とは異なる、別の業務が与えられます。別の職場に隔離され、単純労働が強いられることもあります。

とはいえ、六〇歳以上になっても本人たちはまだまだ元気です。それまでのキャリアで会社に貢献してきたという自負もあります。管理職経験者であればプライドも高いでしょう。それなのに、ある一定の年齢を過ぎたら、誰にでもできるようなつまらない仕事をさせられる。これはシニア社員にとって不快で無気力にさせられるような体験です。

少子高齢化に拍車がかかり、雇用の安定を優先する日本社会で、シニア社員の扱い方はどの企業の人事も悩む頭の痛い問題です。あまり活躍されると後輩の迷惑となる。かといって辞めさせるわけにもいかない。海外でも前例がない。このまま行くと、こころの病を抱えたシニアが増える可能性も考えられます。

失敗にも「良い失敗」と「悪い失敗」がある

失敗を経験した後に私たちが陥りがちな悪循環をまとめると以下のようになります。

①失敗を体験すると、パニックになり思考停止に陥る
②自責の念を始めとするさまざまなネガティブ感情が発生する
③不快なネガティブ感情が過剰に繰り返される
④不快な体験につながる可能性のある行動を回避する
⑤不快な状況を変えられないと認識した場合、無力感が生まれる

失敗に効果的に対処するためには、この悪循環を断ち切る必要があります。そのためには、この悪循環の入り口にあたる「失敗体験」そのものを冷静に分析し理解することが肝要なのです。なぜなら失敗には「良い失敗」と「悪い失敗」があるからです。

米・ハーバード・ビジネス・スクールのエイミー・C・エドモンドソン教授は、組織における失敗は以下の三種類に分類できるとしました。

①予防できる失敗

②避けられない失敗

③知的な失敗

「予防できる失敗」とは不注意や不勉強でいたことが原因の失敗です。多忙や睡眠不足が重なり注意不足や集中力の低下によって発生したケアレスミスが典型的な例です。これは人手不足となった職場環境の改善でしょう。

所定のプロセスや慣行にあえて従わなかったために起きた失敗もそうです。故意に社内規定から逸脱して起きた失敗の場合は、非難に値しますし、規則遵守の徹底が求められます。能力が足りないことで起きるミスやトラブルもこれにあたります。適切な研修が行われ、仕事上必要なスキルを訓練されていれば、避けることができたかもしれない失敗です。

医療の世界では、ミスや失敗は患者の生命に関わる問題となります。そこでは「予防できる失敗」を最小化するための仕組みが導入されています。

私はその「仕組み」をある総合病院で看護師の管理職を対象にしたレジリエンス研修を実施したときに初めて知りました。総合病院の看護部は、大企業に負けないほどの大所帯です。私が招かれた病院では、総勢五〇〇人以上の看護師が勤務していました。

看護の組織は昔ながらのピラミッド構造で、看護部長を頂点として師長や婦長の管理職クラスが七〇名あまり、その下に看護師や准看護師がずらりといます。看護部長は経験のみならず強いリーダーシップが必要とされ、師長などの管理職も他の部署と連携してチームワークを行う協働スキルや若い看護師を育てる人材育成スキルが重要となっています。その研修では、まずは管理職である自分たちがレジリエンスを習得して「セルフケア」をできるようになり、その後若手の看護師をいたわる「ラインケア」をすることを目的としていました。

看護師は意義ある仕事です。モチベーションは高いのですが、真面目な人も多いため、感情をすり減らしてまで患者に尽くし、バーンアウト（燃え尽き症候群）になってしまう人もいます。また夜勤などもあり肉体的・感情的なストレスが高く、若手看護師の離職率の高さも看護の業界では問題になっています。

研修で看護部長や師長の方々と昼食をご一緒したとき、興味深い用語を聞きました。「ヒヤリ・ハット」という言葉です。これは看護の世界で失敗を表現する業界用語（ジャーゴン）で、「事故には至らなかったもののその行為や状態が見過ごされたり気づかずに実行されたりすると何らかの事故につながる恐れがあるヒューマンエラー」を意味します。

ニアミスをしたときに人は「ヒヤリ」として「はっと」気づく。それが語源でした。正式名称は「インシデント」です。インシデントが続くと医療事故（アクシデント）につながります。だからヒヤリ・ハットは軽視できないとのことでした。小さなミスをおかした看護師は、必ず「ヒヤリ・ハットレポート」を書いて師長・婦長に提出することになっていました。そのプロセスを正しく活用すれば、大きな失敗の予防につながるからです。

この仕組みの運用には注意が必要です。新米看護師は、慣れていない職務で「ヒヤリ」とすることが多い。それを師長や婦長に報告するのですが、その失敗をつい厳しく追求してしまう上司がいます。そのミスに自責の念を強く感じて、それが続くと看護師として続けていく自信の喪失につながり、ついには離職するきっかけとなるリスクもあります。

ただこの「ヒヤリ・ハットレポート」は「予防できる失敗」を最小化する素晴らしい仕組みでもあります。部下の失敗を責めるのではなく、「その失敗から何を学ぶことができるのか」を話し合う「コーチングの機会」とすることで、ミスをして自責の念を感じている若い看護師を前向きに励ますことができるのではないか。実際にそのように運用して次世代リーダーとなる看護師を育てているベスト・プラクティスも存在するので、その好例を共有することでさらに強くたくましい組織になるのではないかと考えられました。

自分のコントロールが及ばない失敗もある

一見「予防できる失敗」のようでも、業務プロセスそのものに問題があったり、タスクそのものが難しすぎたりすることが原因で生じる失敗があります。これは業務が整備されていない職場の問題、または部下に指示を出す上司の問題であり、ひとつ目の失敗とは異なります。

これを二つ目の「避けられない失敗」と呼びます。複雑なプロセスなどの環境要因が原因となったミスやトラブルです。将来どうなるかがはっきりしないような不確実性のあるプロジェクトでもこのタイプの失敗が起きることが多いと言われています。

自分のコントロールの及ばない範囲で起きた失敗や大きな問題に巻き込まれた結果、発生した失敗もこれに含まれます。たとえば与えられた仕事が自分に決定権がなく、意思決定者であった上司の判断が間違っていた場合は、避けられない失敗に分類されます。市場環境の変化により予想外の失敗がもたらされたプロジェクトもこれに当たります。

大切なポイントは、自分が直面した失敗が「避けられない失敗」である場合は、自分の責任を過剰に感じる必要はないということです。失敗したときに自責の念を感じないと、傲慢に思われるかもしれません。ただ不必要に罪悪感を感じるのは「現実的に合理的にしなやかなこころ」を持って出来事を観察するレジリエンスの姿勢に反しています。

他人のせいにするわけではなく、上司や周りにいる関係者、置かれた環境そのものに問題があったのではないかと柔軟なこころで理解に努めるべきでしょう。

歓迎すべき「価値ある失敗」とは?

三つ目が「知的な失敗」です。米・デューク大学のシム・シトキン教授の造語であるこの失敗は、歓迎すべき価値ある失敗だとも言えます。

「知的な失敗」はおもに実験的な領域で起こります。アイデアや設計がうまくいくことを証明するための実験や革新的な知識の可能性を探るための実験において望ましくない結果になったときに「知的な失敗だったね」と称賛の意味も込めて使われます。

たとえば新規ビジネスの創出や革新的な製品デザイン、新薬の発見においては「知的な失敗」が多く生まれます。実験的なプロジェクトが失敗に終わることは「悪」ではありません。これは「良い失敗」とカテゴライズされうるからです。

私は日本の企業は海外の一流グローバル企業と比べて「知的な失敗」をうまく活用できていないと考えています。私たち日本人は「失敗はすべて悪である」という狭い物の見方を持っていることが多いからです。でもそれは合理的でしなやかな物の見方とは異なります。レジリエンス的ではありません。

革新的な商品やサービスを生み出す企業は「知的な失敗」を認め、むしろ従業員に失敗をしてもチャレンジすることを推奨しています。たとえばグーグルやアップル、3Mがそれに含まれます。私が長く働いたP&Gもイノベーションを成長の軸とした企業でした。トップ自ら「知的な失敗」の価値を信じていました。P&GでCEOを一〇年間務め、二〇一二年に再度CEOに任命されたA・G・ラフリーは、失敗経験を貴重な教訓としてきました。ある経営専門誌のインタビュー記事では以下のような言葉を伝えています。

『私の経験では、成功よりも失敗から学ぶことのほうがずっと有意義だと思います。すべての失敗が、私の成長と進歩にとって不可欠のものでした。失敗について本気で学ぼうとする姿勢そのものが非常に大切です〈中略〉。

失敗の反対は、成功ではありません。成功と失敗を二律背反的に捉えている人がたくさんいます。でも私は、失敗とは「学習すること」だと考えています。もっといいやり方を習得することです〈中略〉。

最大の教訓は最もつらい敗北から生まれるのです。本当に重要で見識のある教訓は成功より失敗からもたらされる場合が多い。だから私は、失敗は天の恵みだと思います』（『ハーバード・ビジネス・レビュー』二〇一一年七月号）

P&Gでは新商品を世に出す前に、ある一地域にだけ販売するテストマーケットを活用していました。私がかかわった新規開発プロジェクトでも、「少しだけ生産し、小さくテストし、大きく学ぶ」という原則に従ったこの学習プロセスが活用されていました。

ある限られた地域で商品が試験的に発売されます。実際の店舗に配荷され、地域限定のTV広告が放映され、その店舗のお客様だけにクーポンが配られます。複数の価格設定とさまざまな販促アイデアが試され、数多くの「知的な失敗」がなされました。しかし規模が小さいため、大きな損失にはなりません。小さくテストし、知的な失敗を重ね、大きく学ぶことがP&Gの革新性を成長の軸とする企業文化を支えていたのです。

失敗と付き合っていくコツ

私たちは失敗を体験すると、パニックになり自責の念を感じて、次の行動を回避する悪循環に陥ります。しかし先に述べたように失敗には三種類あり、すべての失敗に対して自責の念を感じるのは現実的でしなやかな考え方ではないことを知ると、より賢く失敗体験に対応できるようになります。

たとえば「予防できる失敗」は事前の準備を怠ったがために起きてしまった失敗です。やるべきことをやらなかったことが原因となります。

用意周到であれば避けられたミス・トラブルですので、看護師が「ヒヤリ・ハットレポート」を反省と学習のツールとしているのと同様に、大きな失敗につながる前に原因を理解して、同じ失敗を繰り返さないように学ぶべきでしょう。ここでは失敗の痛い体験で生まれるネガティブ感情をバネにして、学習のモチベーションとする切り替えが必要となります。痛い経験を経て学んだことは脳に刻み込まれ忘れることのない生きた知識、経験知となります。

二つ目の「避けられない失敗」は、自分を超えた大きな問題に巻き込まれた結果発生したものです。失敗の原因は「複雑さ」にある場合が多いことが特徴です。仕事のプロセスや意思決定の手順が複雑になっている場合は、一度見直したほうがいいでしょう。

「避けられない失敗」は、自責の念を感じる必要はありません。原因の多くは自分ではコントロールできないところにあったわけですから。罪悪感を感じるのは非合理的で、レジリエンスを持つ人の姿勢である「合理的でしなやかな考え方」とは異なります。

罪悪感は悪循環につながるきっかけとなるので、不用意に自責の念を感じすぎないように、むしろ注意が必要です。「予防できる失敗」であれば自責の念をもとに反省し、大きな失敗にならないように学ぶことが肝要ですが、「避けられない失敗」と次の「知的な失敗」の場合は、罪悪感は邪魔な感情となります。不用意に感じすぎないようにしましょう。

三つ目の「知的な失敗」は、新しいことに挑戦した結果起きた失敗です。その失敗から学び、経験を生かすことで自分の成長や発達につなげることができます。より大きく成長するための「通過儀礼」的な失敗体験だと考えると、このような失敗を歓迎できるようになるのではないでしょうか。

レジリエンスのある人は「知的な失敗」を怖れません。むしろ積極的にその失敗を受け入れ、強く賢くたくましくなるための機会としています。

失敗を経験したときの対処をまとめると以下のようになります。

① 失敗経験をしたら三種類の失敗から分類すること
② 不必要に自責の念を持たないこと
③ 失敗の種類に応じて適切な対応をとり、積極的に学習すること

ここまでで、失敗に対する理解を深めることはできたでしょうか。いよいよ次章よりレジリエンスの具体的なトレーニングを紹介していきます。

第一章

第一の技術　ネガティブ感情の悪循環から脱出する！

Escape from Negative Spiral

レジリエンスの全体を理解するためには、この第一章から読んでいくことをおすすめします。現在、困難なことに直面し気分が落ち込んでいる人にはとくにおすすめです。しかしながら、今健全な状態にある人は、第二章以降で気になったところから読むのもひとつの方法です。各章が独立した構成になっているので、自分にあった読み方をしていただけたらと思います。

不安や怖れを感じるのは当然で、感じないほうが問題！

序章で失敗やミス、トラブルがきっかけとなって、怖れ、不安、罪悪感、憂鬱感、羞恥心などのネガティブ感情が生まれることを説明してきました。そして失敗やミス、トラブルは不快な体験であり、その体験を再度味わいたくないと考えて、私たちは行動を回避するようになります。つまり、

失敗→ネガティブな感情→不快な体験→不快体験につながる可能性のある行動の回避。

これが行動回避という後ろ向きな態度につながるメカニズムです。

失敗は予防することはできるものの避けることができない失敗があり、そして歓迎すべき価値ある失敗があることについても解説してきました。

失敗を避けて働くことは無理なことです。ただすべての失敗に自責の念を感じる必要もない。失敗を怖れすぎる必要もないのです。また、レジリエンスでは失敗への怖れや将来の不安、間違った行いへの怒りなど、ネガティブ感情を否定していません。

たとえば電話に出ることがうまく対応できるかわからないので怖いと感じる。うっかりミスをしてしまい上司に叱られるのではないかと不安に感じる。新しい目標をたてても三日坊主に終わりがっかりする。こんなときにネガティブな感情が生まれるのは問題ではないと考えます。仕事の納期が遅れていたら不安に感じることも、人に迷惑をかけたら申し訳ないと罪悪感をおぼえることも、人としては当然です。むしろ、ネガティブな感情が生まれないとしたら、それは感情を無理に抑圧しているか、感情が麻痺してしまっているのか、どちらかの可能性があります。健常でない不自然な反応です。

一方で、自己啓発書にあるようなポジティブ・シンキング的な考え方では、ネガティブな感情を「悪」ととらえることが多いです。「怒りは感じるべきではない」「怖れは自分のなかに押し込めなさい」と諭します。まるでネガティブな感情を持つ人は精神的に未成熟であるかのように、劣等意識を抱かせるものも散見します。

しかしネガティブ感情がない人は、ポジティブな人でもなければ、精神的に強い人でもありません。人間らしくないロボットのような人です。そもそもすべての出来事をポジティブに考えて、いつもニコニコと笑顔でいるほうがおかしい。人生や仕事には順境も逆境も混在しているからです。

自分らしく生きること、これを「オーセンティックな生き方」と言います。それは感情を押し殺した昔の日本人的な生き方ではなく、自分の内面から生まれるすべての感情を受け入れ、その上で自然体で生きることだと私は考えます。

ネガティブな感情の問題は「繰り返すこと」

レジリエンスでは、失敗や困難な体験でネガティブな感情が生まれたら、無視することも抑圧することもせずに、まずは感じとることを大切に考えます。これを「感情認知」といいます。

私たち日本人は感情認知のスキルが不足しているのではないかと考えます。その理由のひとつに日本の学校教育では感情の学習があまりなされていないことにあると思われます。

欧米の学校では感情調整力を高めるプログラム（ＳＥＬまたはＳＥＡＬ）が導入されています。アジアでもシンガポールでは、数年前にすべてのローカル学校でＳＥＬが導入され、感情教育が教えられるようになりました。実は、感情認知と調整力の欠如が、いじめ、青少年の非行、うつ病の若年化、キレやすい子どもたち、付き合っている男女間でのＤＶなどの原因になることがあるからです。感情が生まれたら適切に感じとることができれば、ネガティブな感情が過剰に繰り返される前に、その入り口で対処することができます。

なぜそれが大切なのか。それは、ネガティブな感情は反芻することで、ネガティブな行動や高血圧や心臓系の病などの体の健康リスクにもつながるからです。

問題は、ネガティブな感情が生まれることではありません。「感情が反芻する」つまり過剰に繰り返されて私たちがその悪循環から抜け出せなくなってしまうことにあります。

たとえば、相手が理不尽な行いを自分にしてきたときや不誠実なことをしたとき、自分を傷つけるようなことを言ったとき、間違った意見を押し付けてきたときは、怒りを感じて当然です。ただその感情に囚われて、怒りの感情が自分のなかで反芻されると、恨みつらみとなり自分が縛られ、苦しい思いをすることになってしまうのです。

ネガティブ感情を感じたら、その日のうちに解消する！

レジリエンス・トレーニングでは仕事での失敗やトラブル、または人間関係のもつれなどの困難な状況に直面したときに、ネガティブな感情をまず認知することを教えます。そしてその感情を反芻させないために、自分にあった「気晴らし」の方法をとることを推奨しています。これで、厄介なネガティブ感情を安全かつ正しく対処することができます。その結果、不安や怖れが反芻することも防ぐ、有用な習慣となります。方法は全部で四つです。

①運動系
②呼吸系
③音楽系
④筆記系

決して特別なことをすすめているわけではありません。実証ベースであるこれらの方法は、どれもシンプルで簡単で即効性があります。ただ相性がありますので、自分のワークスタイルや生活、さらには価値観に合った方法を選んで取り入れてみてください。

実施するタイミングは、仕事中に強いストレスやネガティブ感情を感じたときにすぐに行うことが理想です。しかし職場ではその余裕がないのが現実です。その場合は、怒りや不安を反芻させて引っ張らないために、仕事が終わった後などにこれから説明する気晴らしの方法のいずれかを実行してください。そして、仕事のストレスを自宅に持ち帰らないことです。今日の問題を明日に引き延ばさない。これは健康を保つ習慣となります。

最近の健康ブームで体の健康に注意を払う人が増えてきました。でもこころの健康についてはまだ軽視している人が多いのが現状です。体と違ってこころは見ることが難しいため、セルフケアをする人が少ないのでしょう。こころと体は密接につながっています。体の健康を望むのであれば、同等以上にこころの健康状態に敏感であるべきでしょう。

職場で感じたストレスやネガティブな感情を家庭に持ち込まずに、できるだけ早く解消する習慣を持つと、夜の安眠の確保にもつながります。私は睡眠をとても大切なものと位置づけているので、嫌な思いや感情は「宵越し」しないことを習慣としています。

ネガティブ感情やストレスはその日のうちに解消する。その結果、深く安らかな眠りにつき、次の日の朝にはリフレッシュされた爽快な気分で一日を迎えることができます。このサイクルが「レジリエンスのある働き方」をする上で非常に重要だと考えています。

ビジネスマンはマラソンランナーに例えられます。ビジネスは長期戦で、キャリアは何十年にもわたる長いものです。成功するビジネスマンにレジリエンスが必要なのは、途中で走ることをやめて脱落しないためでもあります。そのためにはネガティブな感情を反芻させて貴重なエネルギーを浪費する悪い癖を変えなくてはいけません。

ストレス解消にもつながる「運動系」の気晴らし

気晴らしのひとつ目が「運動系」です。身体を一定のリズムで動かす運動で、エクササイズ、ダンス、水泳、ジョギング、ウォーキングなどが含まれます。

これらの有酸素運動は体の健康に効果的であることはもちろん、ストレスを低減し不安感情を解消するといった感情にもプラスとなることがわかっています。

「天然の妙薬」と言われる脳内ホルモンのβエンドルフィンが分泌されるからです。うつ病の症状を改善する上でも高い効果があることが、研究の結果わかっています。

ある研究では五〇歳以上の男女、しかもうつ病の兆候が診断された人々を募り、三つのグループに分けて調査が行われました。ひとつ目のグループには、四カ月の間有酸素運動を続けるように伝えられました。週に四五分間のサイクリングかウォーキング、またはジョギングです。二つ目のグループは、うつ病の薬が同じ四カ月間処方されました。最後のグループにはその両方が行われたのです。その結果、どうなったでしょうか。

四カ月後にはすべてのグループが同じようにうつ病の改善が見られました。さらには幸福感が高まり、自尊心も向上しました。運動は抗うつ剤と同等程度の改善効果があることが証明されたのです。しかも運動することは薬剤療法と比べてもはるかに安価です。

ただ話はこれで終わりではありませんでした。さらに驚くべき発見が六カ月後に待っていたのです。追跡調査の結果、運動をしていたグループはうつ病の再発がほとんどありませんでした。その一方で他のグループでは再発を防ぐために薬の服用を続けなくてはいけなかったのです。他の研究においても運動のさまざまなメリットがわかっています。

・糖尿病や大腸がんなどの病気を予防する効果がある
・骨や筋肉、リンパを強くすることでＱＯＬ（生活の質）を向上させる
・睡眠を改善させる
・肥満防止になる
・ウォーキングなどの体の負担が少ない有酸素運動は、自信を回復させ、しかもその効果は五年間も長続きする
・大脳皮質の前頭葉（思考や抽象化、哲理を考える）の高機能な部分が活性化される
・より多くの血液を脳内に循環させ、脳卒中の防止にもなる
・ＢＤＮＦという成長要因を増やし、脳内神経物質であるニューロンを健康に保つ
・ニューロジェネシス（つまり新しい脳内神経細胞の生成）を促し、脳が若く、元気になることを助ける

また、スポーツには多くの心理的効果があるといいます。たとえばテニスには怒りやフラストレーションを鎮める効果があります。相手から送られたテニスボールを「パシーン」と打ち返す、あの感覚がイライラした感情を発散させるのでしょう。その他にも、

・水泳は穏やかな気持ちになり不安感を抑える
・柔道や空手などの武道は憂鬱な気分を改善する
・マラソンやウエイトリフティングは自信を高める

・チームスポーツは寂しさを解消し社交的スキルを高める
・トレッキングは大自然に触れることで精神性が向上する
・ダンスは想像性を刺激し、平凡な人生から抜け出す感覚を与える
といった効果がスポーツにはあるようです。

怒ったときには会社を出て「早足散歩」

イライラしがちな人におすすめなのがウォーキング、そのなかでも早く歩く「早足散歩」です。これは海外の医師や臨床心理士も怒りの感情で悩んでいる人に推奨しているシンプルなエクササイズです。

ウォーキングをしていると、無意識のうちに乱れていた呼吸も一定になり、深く長くおだやかな息づかいになります。肉体も活性化され、ネガティブな感情も穏やかになり、気分も明るくなります。周りの自然などを眺めることに集中すると、腹立たしい記憶から思考が離れ、怒りの反芻を防ぐことができるのです。

冷静に考えるための心理的な準備も整えられます。「なぜ気分を害してしまったのだろうか」「どうしてあんなに腹を立ててしまったのだろうか」と反省をすることで、カリカリしていた気持ちもクールダウンすることが期待できます。

歩く場所はどこでも構いませんが、街中でなく緑に囲まれた環境をウォーキングすることはとくにおすすめです。これは「グリーン・エクササイズ」といって、自然に触れることによりストレスが低減する効果があることがわかっているからです。

怒りの感情が休まらない場合は、まずはいったんその現場から離れて「早足散歩」をしてみましょう。職場で腹が立ったのなら、思いきってオフィスの外に出て散歩をしてみる。現場から離れるのは、怒りの対象から離れるという意味もあります。怒りの対象となった相手の顔、たとえば無理を言う上司や、だらしない部下を見ているだけで、新たな怒りの感情が生まれてしまい、「ノルアドレナリン」の分泌に歯止めがきかなくなるからです。

ノルアドレナリンとは、私たちを攻撃的にさせ、相手に暴言を吐き、心を傷つかせ、しまいには暴力を振るってDVに悪化することもありうる別名「怒りホルモン」です。

過剰なノルアドレナリンは体に有害とされ、血圧が上昇し、動脈硬化が進行して、血管の詰まりを引き起こすこともありえます。

イライラしやすい短気な性格の人を「タイプA」と心理学では分類しますが、「タイプA」の人は脳梗塞や心筋梗塞を招くリスクが高いこともわかっています。この「怒りホルモン」の過剰分泌によって血管が収縮し血流が滞ることが原因です。

またノルアドレナリンは万病の元と言われる活性酸素を発生させ、遺伝子を傷つけたり老化物質を作り出したりしてガンなどの成人病にかかりやすくさせてしまうのです。

では一度生まれた有害なノルアドレナリンはどこに行くのでしょうか？

行き着く先は「肝臓」です。肝臓はノルアドレナリンのような毒性のある物質も安全に処理する「人体の処理工場」なのです。しかしその処理能力にも限界があります。怒りの感情におさまりがつかない、またイライラすることが癖となってしまった人は、常にノルアドレナリンが過剰に発生するため、肝臓が疲弊してしまうのです。

人はその顔色に内臓の弱いところが出るといいますが、怒りすぎや酒の飲みすぎで肝臓が弱体化すると顔色が赤黒くなるものです。昔の名医は顔色を見て内臓疾患の診断をする助けとしたらしいですが、赤黒い顔色の人は頻繁な怒りに悩んでいる可能性があります。

相手に破壊的な行為をしないためにも、自らの健康を守るためにも、喧嘩をしてイラっとなったらすぐにその場を離れて「早足散歩」をしましょう。ノルアドレナリンが体内を駆け巡り肝臓で処理されるまでに約九〇秒かかるといいます。早足でウォーキングをして、ほんの九〇秒の間に新たな怒りの感情が生まれないようにすればいいのです。

好きな音楽の世界に没入する「音楽系」の気晴らし

ネガティブ感情の気晴らしの二つ目が「音楽系」です。楽器の演奏や音楽の視聴など、自分の好きな音楽に触れその世界に没頭できることであれば、何でも構いません。

音楽は私たちの脳に驚異的なポジティブな影響を与えてくれます。MRIなどの脳内をスキャンして測定する磁気装置を使った調査によりわかったのは、音楽は快楽的な刺激に反応するある一部の脳の領域を活性化させる、ということでした。

実際に音楽を聴くことは高揚感を高め「快感ホルモン」のドーパミンを分泌させます。ドーパミンによってネガティブ感情がポジティブな気分にシフトするのです。ストレスの気晴らしとしても、治療に通っている患者を助ける目的としても、音楽は非常に有効なのです。音楽療法というセラピーも存在します。

ただ注意したいのが、パンクミュージックやハードロックなどの激しい系統の音楽です。快感ホルモンのドーパミンではなく怒りホルモンのノルアドレナリンが分泌されて、攻撃的な気分になってしまうこともあります。こころの疲れを癒す場合は、モーツアルトなどのクラシック音楽が適していますが、ネガティブな感情の反芻を防ぐ気晴らしが目的の場合は、より楽しく没頭できる音楽のほうが良いと考えられています。

少し恥ずかしいのですが、私の場合は三人組アーティストの「いきものがかり」が好きで、ネガティブな感情が生まれたり仕事で疲れたりしたときには必ず聞くようにしています。現在ではベストアルバムがミリオンセラーになるほどの人気グループとなっていますが、この三人組は「日常にある小さな幸せ」をテーマにした楽曲作りが得意で、歌詞を聞いているだけで前向きな気分になれるのです。

音楽は聴くだけでなく、演奏することでも「気晴らし」の効果があります。私の息子はギターが好きで、放課後にメキシコ人のギタリストからプライベートレッスンを受けています。息子は毎晩寝る前に二〇分間ギターの自主練習を行っているのですが、どんなに宿題が多くて夜が遅くなっても、この日課は変えません。息子にとってギターの演奏は、一日の学校の疲れを癒しストレスを解消する大切な習慣となっているからです。

皆さんも気晴らしに適した自分の好きな曲をスマホなどに入れておき、感情のバランスをとるときに聞いてみるミニ習慣を始めてはいかがでしょうか。または子どもの頃に楽器を習った経験があれば、ときおり演奏をする習慣を始めるのもいいでしょう。

社会人になると、音楽から離れる人がいます。若い時にはウォークマンが手放せなかったのが、今では聞く曲といえば車のラジオから流れてくるものだけで、音楽に対して積極的ではなく受動的に接するように変わってしまっている。これはもったいないことです。

歳を重ねても精神的な若さを保つためにも、生活のなかに好きな音楽を取り入れましょう。良質な音楽が必要なのはティーンだけではないのです。ときおり音楽の世界に没入することで、あなたの毎日の生活を豊かに幸せにしてくれます。

呼吸と感情の密接な関係

三つ目のネガティブ感情の気晴らし法が「呼吸系」です。

呼吸と感情には密接な関係があることをご存じですか。「ショックで口がきけない」と言いますが、ショックを感じるような強いストレスに直面したときは、私たちの呼吸は停止していることがあります。息を吸っていないから、口がきけないのです。「ため息をつく」ときは、私たちの感情が憂鬱になっているときです。ほっとしたときには、ふ〜とひと息つきます。安心した感情と呼吸に関係があるからです。

感情が乱れたときには、呼吸も乱れています。とくにネガティブな感情に襲われたときには、浅く短く早い呼吸になっていることがあります。今度、怒りの感情に囚われた人と会ったら、その人の口元をじっと観察してください。おそらく金魚のように口をぱくぱくさせて、ほとんど息をしていないでしょう。軽い呼吸困難に陥っていることもあります。

不安になると胃が締めつけられるような不愉快さを感じます。それを解消するには、深い深呼吸を繰り返すのが有効です。不安な感情でいるときには、呼吸が浅い胸式呼吸になってしまっていることが多いからです。

呼吸には良い呼吸と悪い呼吸があります。良い呼吸とは長く深くゆっくりとした呼吸です。自然と腹式呼吸になっています。悪い呼吸とは短く浅く早い、犬のような息の仕方です。犬は口を開けて呼吸しています。ところが口で息をすると、どうしても深い呼吸ができません。深い呼吸をするには、鼻から息を出入りさせるのが一番です。

私たちが参考にすべきは、亀の呼吸かもしれません。亀は鼻を使って長く深くゆっくりとした呼吸をします。息が乱れることもない。呼吸がとぎれとぎれになることもなく、一定でおだやかな呼吸をしています。「鶴は千年、亀は万年」と言われるように、亀は長寿の生き物の象徴です。呼吸が穏やかになると、感情も穏やかになる。それが長生きに関係するとも考えられます。一方で犬は「ドッグイヤー」と呼ばれているように人よりも七倍速く加齢すると考えられています。

ゆったりと呼吸を整え、精神が落ち着くと〝抗ストレスの秘薬〟と呼ばれる「セロトニン」が脳内に分泌されます。セロトニンは別名「癒しホルモン」とも言われ、脳を鎮め、穏やかな幸せ感を生成し、ストレスを低減させる働きがあります。不安やイライラを抑え、不眠症も解消させ、さらにはうつ病の予防にも効果があるのです。実際に抗うつ剤の成分としても使用されているほどです。

ヨガや瞑想を始めると心が穏やかになる人が多いのは、自分を内面から癒してくれるこのホルモンのおかげでもあります。セロトニンが生成されやすくなるのです。

2「今・ここ」にこころを落ち着かせる呼吸法

ネガティブ感情を鎮静化させることでその反芻を抑え、悪循環から抜け出すこと。それがご紹介したい呼吸法の目的です。呼吸法には実にさまざまなやり方が開発されています。誰にでもどこでもいつでも無料でできるテクニックですので、古代から呼吸を使った精神を穏やかにする技法は重宝されてきました。

呼吸法には初心者向けの簡単なものから上級者向けの複雑なものまでさまざまあります。私が紹介するのは、欧米のビジネスマンに人気でストレスを低減する効果も実証されている「マインドフルネス」と呼ばれるメソッドで初心者向けの呼吸法です。仕事などでネガティブな感情がおさまらなくなったときに有効です。

さらには忙しい日常のため心が散漫になっているときに、そして不安やイライラを感じたとき、つまりネガティブ感情の悪循環に入りはじめた瞬間でも活用できます。精神的にどこまでも落ちて行くような無限ループ状態に陥る前にこの呼吸法を活用すれば、楽に脱出することが可能です。

【マインドフルネス呼吸法】

- **ゆったりと椅子に座り、首と肩の緊張をほぐす**
- **背筋をまっすぐにする**

・目を瞑《つむ》って、息に注意を集める
・吐く息と一緒にストレスが外に出る感覚を持つ
・吸う息と一緒にエネルギーが入ってくるようにイメージする
・活力が戻ったのを感じたら、仕事に戻る

たったこれだけです。ただいくつかコツがあるので、それを教えましょう。

椅子に座る姿勢は、肩や腰などに力が入りすぎないように注意して、首筋から背筋にかけてスッとまっすぐにして座ります。このとき、背もたれに寄りかからないでください。この姿勢が胸を大きく開き腹筋を弛緩《しかん》させて、ダイナミックな呼吸を助けます。

息は鼻から吸って吐くのが基本です。鼻から吸い込んだ息を、横隔膜を下げることで肺全体に行き渡らせます。そして横隔膜を上げることで、肺のなかの古い空気を鼻から押し出します。そのときにお腹の動きは膨らんでしぼみます。腹部が上下するので腹式呼吸、正式には「横隔膜呼吸」と呼ばれています。

息をするリズムは、ゆっくり長く深く、細く乱れずに一定な「亀の呼吸」をこころがけます。呼吸の質が上がることで私たちのネガティブな感情の反芻は次第におさまっていきます。強い感情に襲われたときは、呼吸を意識的にコントロールして強めの息から始めてください。気持ちが落ち着いてきたら、次第に静かな呼吸へと移していきます。

怒り、怖れ、不安などのネガティブな感情に気づいたら、まず呼吸を正して感情をなだめる。この初期対応がその後の大きな違いを生むのです。

書くことによるストレスの解消

次に紹介する手法は「筆記系」です。自由記述、内省的記述、日記などのライティングがそれに含まれます。

感情や考え、心のなかにあるイメージを文字にして表現することは、ネガティブな感情を頭や体の外に出してクールダウンさせる効果があります。うつ病の診断を受けた人が、臨床心理士などに「日記」を書くことをすすめられるのはこの研究が背景にあります。

この手法は、昔から日記や手紙を書くことが好きだった人におすすめできます。人は自分の好きなことや夢中になれることに没頭すると、心理的にも感情的にも良い結果を招きます。時間が経つのも忘れ、疲れも感じることがない。

こころから没頭しているときは、私たちは喜びも苦しみも感じません。その体験を振り返ったときに「熱中していたのでよく覚えていないが、あえて表現すれば楽しい体験だった」と思えることがあります。この心理状態を「フロー」と呼びます。

名付け親は、過去三〇年以上に渡りフロー研究をしてきたポジティブ心理学の生みの父のひとりでもあるミハイ・チクセントミハイ博士です。

博士は「その仕事から富も名声も得られなかったとしても、その仕事に人生を賭けて取り組もうとするだけの価値や意義は何か」という問いをありとあらゆる職業の人々に質問する大規模な調査を敢行しました。芸術家、科学者、スポーツ選手、経営者から僧侶や修道女、登山家や羊飼いなど、実にさまざまな仕事をしている多種多様な人たちです。

そこで気づいたのが、あるひとつの共通点でした。調査の対象となった人たちは、仕事の中身は異なりますが、自分の好きな仕事や活動に没頭しているときに我を忘れるような精神状態を体験していたのです。同じような体験をした人々が「まるで自然に生まれた流れに運ばれたようだった」と証言したことから、チクセントミハイ博士はこの体験を「フロー」、つまり「意識の澱《よど》みのない流れの体験」と名付けたのです。

このフロー体験をするには、年齢、性別、職業、文化的背景などは関係ありません。

作曲家なら、頭のなかに自然にわき上がり流れるメロディを譜面に書きとめることに没頭する。アスリートであれば、エネルギーが内面からあふれ出し、試合の流れや相手の動きがすべて予想できて、まったく負ける気がしない。ダンサーであれば、音楽と自分の体の動きが一体化し、観客も目に入らずただ踊りの流れに身を任せることができる。

企業で働いていてもフローを経験することがあります。

実は仕事においてこそ、フローを頻繁に感じることができるのです。自分の能力を最大限に発揮できる仕事に恵まれている人は、時間を忘れるほど仕事に没頭する体験が多いはずです。条件さえ整えば、職場でもフローを感じることは充分可能なのです。

私は本の執筆をしているとき、そして研修の準備のためにパワーポイントの作成をしているときに没頭することがあります。若手社員の頃は、統計データを作成するためにエクセルをよく使っていましたが、そのときもフローに入ることがありました。この話をすると私の妻は「信じられない」と言います。人によって何に没頭するかは異なるのです。

妻は料理をしてフローに入ると言います。私は複雑な工程を同時にこなさなくてはいけない料理が苦手で夢中になれません。私が教えた人のなかには、クライアント企業の決算処理をしているときにフローに入るという税理士の方がいました。適職だと思います。

ホンダのエンジニアのある方は、入社して間もない頃、上司から車のボディデザインを自由にさせてもらえる機会を得たそうです。やる気が最高潮となり、毎日デスクに向かって夢中で設計図の図面を引いていたそうです。ある日、オフィスでチャイムが鳴ったことに気づき、「もう昼休みか」と顔を上げると、会社を出て行く社員の姿が目につきました。そのときはじめて朝から夕方までぶっ通しで仕事をしていたことに気づいたそうです。空腹も覚えず、疲れも感じず、時間が経つのも忘れていたとのことでした。

私のように書くことが好きな人は、ライティングに没頭することで「フロー体験」を経験するかもしれません。その行為がストレスを解消し、ネガティブ感情をなだめ、心的エネルギーの消耗を抑え、より充実した暮らしに導いてくれるのです。

運動系、呼吸系、音楽系、筆記系のどの気晴らしの手法でも構いません。失敗やつらい体験をした後に生まれるネガティブ感情を反芻させないことで、悪循環から脱出することができます。

これがレジリエンスの最も基本的な第一の技術です。

まとめ

第一の技術　ネガティブ感情の悪循環から脱出する

Escape from Negative Spiral

不安、怖れ、怒り、憂鬱感などのネガティブな感情は、失敗体験や逆境に直面したときに生まれる。ネガティブ感情は繰り返され悪循環となることで問題となる。そのためには四種類の気晴らしが有効である。

①運動系　②音楽系　③呼吸系　④筆記系

夢中になり没我没頭する「フロー体験」もネガティブ感情の悪循環を断ち切ることに役に立つ。

第二章

第二の技術　役に立たない「思いこみ」をてなずける

Challenge Your Hidden Belief

幸福の鍵を握るのは刺激と反応の間のスペース

『ある日、私はオフィスの近くにある大学に出かけて行き、図書館の奥に山積みになっていた古い書籍の間を歩いていた。やがて私は、その中の一冊に大変興味が引かれた。棚から取り出してみると、ある一節が目に止まった。そして、そこに書いてあった言葉が、私のその後の人生を大きく変えることになった。

私は、何度もその文章を読み返した。そこに書かれていたのは、要約すれば、刺激と反応の間にはスペースがあり、そのスペースをどう生かすかが、私たちの成長と幸福の鍵を握っているということだった』

これはスティーブン・R・コヴィ博士のベストセラー『7つの習慣』(キングベアー出版)に書かれたエピソードです。コヴィ博士がいかにして『7つの習慣』を執筆するにいたったのか、そのきっかけが物語られています。当時、コヴィ博士は大学教授をしていたのですが、長年の勤務を経てサバティカル休暇をハワイで送っていました。家族と美しい砂浜を散歩し、時には夫婦でハワイの自然のなかをサイクリングして、過去の経験を振り返り、これからどう働きどう生きるのかを思索するための日々を過ごしていたのです。

そのなかで偶然一冊の書物と出合うことになりました。それはドイツ・ナチスの強制収容所に収容されながらも奇跡的に生き延びた精神医学者のヴィクトール・フランクルが書いた本だったと思われます。そのなかにあった言葉が、コヴィ博士のその後の人生を変容することになったのでした。

『刺激と反応の間にはスペースがある、そのスペースをどう生かすかが、私たちの成長と幸福の鍵を握っている』

私たちは失敗をしたときや困難な状況に直面したときには、ネガティブな刺激を感じます。その刺激が自動的に反応を生じさせるのが、刺激と反応のメカニズムと言えます。

たとえば渋滞に巻き込まれたとします。ある人はイライラして機嫌を損ねてしまうでしょう。急に車が割り込んできた場合は、思わずカッとしてクラクションを鳴らしてしまうこともあります。そのイライラはさらに拡大して、非効率な道路を造った行政に対してまで、いらだちを覚えてしまう。家族と同乗していても、家族との会話を楽しむ余裕もありません。イライラしても何の解決にはつながらないことはわかっていても、その感情がおさまらないのです。

予想外のトラブルはある日突然やってきます。私のシンガポール人の友人は年末年始を日本で過ごすために来日しました。シンガポール人の多くは日本が大好きです。日本にはシンガポールにないものがたくさんあるからです。たとえば雪、温泉、神社仏閣、ディズニーランドなどがそうです。

友人はクリスマスを東京ディズニーリゾートで、大晦日は奈良で過ごし、正月には京都に初詣をするという贅沢な旅をしました。しかし成田空港から飛行機に乗ってシンガポールに帰国するために、京都から東京に新幹線で移動しようとしたとき、そのトラブルは起きました。新幹線が不通になっていたのです。

原因は東京・有楽町駅近くで発生した火事でした。友人は京都駅で四時間も待たなくてはなりませんでした。その後再開した新幹線に乗って東京駅まで行き、急いで成田エクスプレスに乗り換えて空港に向かったのですが、到着したのは飛行機の離陸後で、結局間に合わなかったのです。航空会社の好意で翌日のチケットに無料で変更できましたが、問題は宿泊先でした。正月休暇でどのホテルも満室だったのです。結局私の友人は、成田空港のロビーで一夜を明かさなくてはなりませんでした。

私たちは、想定外のネガティブな出来事が起きると、ほぼ自動的にネガティブな反応をしてしまいます。これを「オートパイロット」と言います。飛行機の自動操縦のように、不快な体験による刺激が、自動的にネガティブな感情や役に立たない反応を引き起こしてしまうのです。

渋滞に巻き込まれたらイライラする。電車やバスに乗り遅れてしまったら後悔する。試験に不合格になるとがっかりする。大事な仕事で失敗したら不安になる。ネガティブな体験がネガティブな反応のきっかけとなるのです。

困難に直面しても困らない人がいる

しかし、同じような出来事が起きても、人によっては異なる反応をする人がいます。渋滞に巻き込まれても平然と音楽を聴きながら混み具合が解消するのを待つ人がいます。仕事で失敗をしても、電車に間に合わなくても、その事態を受け入れて困らない人もいるのです。

先ほどの私の友人がそうでした。新幹線が不通になって飛行機の時間に間に合わないかもしれないという事態にも、ハラハラ、ドキドキしながらも連れの若い彼女とまるでゲームをするかのように楽しんでいたのです。

ホテルが満室で空港のロビーで一夜を明かさなくてはいけなくなったときも同じでした。そのロビーには有楽町駅付近の火事によって飛行機に乗り遅れた人たちがかなりいたようで、人がいなくなったロビーでビールを飲みながらわいわいとやっていたのです。

さすがに警備員の人がやってきて、人目につきにくいロビーの一角へ移動を命じられたのですが、空港ロビーで宴会のような異質な状況を楽しんでいたのでした。日本の旅行での一番の思い出だった、とそのハプニングを思い返し語っていたのが印象的でした。

同じ体験をしても人によって反応が異なる。ネガティブと思われる体験をしたときに、ある人はネガティブな感情で反応する一方、ある人はニュートラルな反応をし、またある人はポジティブな反応をすることもある。それはなぜなのでしょうか。

その理由はスティーブン・コヴィ博士が偶然見つけた本の一節を読んで知ることになった「成長と幸福の鍵を握るスペース」にあるのです。

体験をさまざまに解釈する「色眼鏡」の存在

困ったことや予想外のことが起きたとき、私たちはオートパイロットの思考モードに入って自動的に反応をしているように思えます。しかしこころの内面を観察すると、なぜこのようなことが起きたのかを自分自身に説明をする思考のプロセスがあることがわかります。その脳内のプロセスが瞬時に起きるため、自分では認識できていないだけなのです。

自分への説明内容は、過去の経験によって形成されます。それを信念や意見、解釈、または一般的な言葉として「思いこみ」と言います。この思いこみは人によって異なるため、同じ体験をしても「色眼鏡」を通して現実を解釈することになります。その結果として、感情や行動といった反応に違いが生じるのです。

人によって色眼鏡が異なるため、同じ体験を見てもある人にはポジティブな明るい体験に見え、別の人にはネガティブな暗い体験に見えてしまうことがあります。認知療法を開発したアルバート・エリスはこの思考プロセスを「ＡＢＣモデル」と名付けました。

・A（adversity＝逆境）とは、困ったことが起きたその状況を表します
・B（belief＝信念）とは、その出来事が起きたのかの自分への説明を表します
・C（consequence＝結果）は、反応としての感情や行いを意味します
ABCモデルは、何か困ったことが起きると、その刺激や情報が私たちの信念・思いこみの「色眼鏡」を通して解釈され、その結果何らかの感情や行動が生まれるきっかけとなる一連の思考・感情・行動パターンを示しています。つまりAがBを引き起こし、BがCを引き起こす。このモデルを活用すると、失敗やトラブルに直面したときの自分の内面に瞬時に起きているプロセスが明確になります。

レジリエンス・トレーニングでは、これを「思いこみワークシート」（次ページ参照）を使って教えています。このワークシートでは「ABCモデル」をわかりやすく理解できるように「体験→思いこみ→感情」の順でシンプルに構成されています。

いくつか事例を紹介しましょう。これらは私が実際に体験した事例です。

事例❶　病室での騒がしい隣人

私は以前に海外の自宅でうっかり高いところから足をすべらせて膝を強打し、膝がパンパンに腫れて曲がらなくなったことがありました。すぐに医者に診てもらったところ「膝

■思いこみワークシート

体験	
↓	
思い込み	
↓	
反応	

の皿にヒビが入っており、内出血して血がたまっている」と診断され、手術をするために一晩入院をしなくてはいけなくなりました。

手術といってもたいしたものではありませんでした。麻酔もなしに膝裏に太い注射をブスッとさし、溜まっていた血をジューっと吸い取っただけの簡単なものだったのです。手術はあっという間に終わり、最後には注射をしたところに絆創膏を貼るだけでした。なぜ一晩入院をしなくてはいけなかったのか、さっぱりわかりませんでした。

その国には国民保険がなく、医療点数制度もないため、医療代金は医師が自由に決めることができます。そのため病院のグレードによって料金はピンキリで、医師も患者に合わせて料金を変更できます。ましてやあまり文句を言わない日本人は格好の相手です。医師は入院を必要とする手術をすることで高額の医療費を請求できるため、入院をすすめたにちがいないというのが、高所得者である医師に対してシニカルな私の友人の意見でした。

いずれにせよ入院をすることになったのですが、問題は隣の患者が騒がしかったことです。共同部屋にしたので仕方がなかったのかもしれませんが、大きな音でTVを観て、見舞いにやって来た家族とは騒がしくおしゃべりをし、それが絶え間なく続いたのでした。

私は病室とは静かにするものだと考えていたため、思わずイライラしてしまいました。静かに本でも読みながら過ごそうと考えていたのですが、騒がしくてそれどころではありません。ずっと隣から聞こえてくる音が気になって仕方がありませんでした。

この小さな逆境体験をワークシートで整理すると、このようになります。

【体験】一晩入院。隣の患者がうるさい

【思いこみ】静かにしない隣の人が悪い

【反応】怒りで腹が立つ。イライラが収まらずに寝られない

私には怒りという感情が自動的に生まれてきました。オートパイロットのスイッチがオンになったのです。その原因は、静かにしない隣の人が悪いという「思いこみ」でした。

看護師さんに聞いて後で知ったことなのですが、隣で入院していた子どもは耳があまり聞こえない障害を抱えていたのでした。そして大きな手術も控えていたため、不安を感じる子どものために家族や親戚が励ましに訪れていたのです。大きな音声でTVを観ていたのも、親が子どもの関心を手術以外のことに向けさせる工夫だったのです。

それを知ったときに、私のイライラがすっと収まりました。「隣の人が悪い」という批判が消えてなくなったのです。その反対に「子どもなのに入院して大変だな」とかわいそうに思えてきたのでした。

事例❷　機嫌の悪い上司

次は会社で働いているときに起きた実例です。それは私が社会人一年目のときのことでした。普段であれば自分のことをケアして声をかけてくれる上司が、朝から目を合わせることもなく、まるで私を無視するかのように接するのです。

不安になった私はいろいろ考えました。先週末に出すべきだった報告書の提出が遅れてしまったので、そのことを不満に感じているのではないだろうか。または私の仕事ぶりが期待を満たしておらず、がっかりさせてしまったのだろうか。もしかしたら他の新入社員と比べて私の成長のスピードはスローなのかもしれない。役に立たない部下を持ってしまったと感じて、冷たい態度でいるのではないか……。

ネガティブな想像が頭をよぎり、私はひどく憂鬱になり、自分の存在を小さく感じるようになりました。そして自分が縮こまったような気がして、仕事が手につかなくなりました。この体験をワークシートで整理すると、このようになります。

【体験】上司の態度が冷たい。まるで自分のことを無視しているかのようだ
【思いこみ】私は価値がないのだろうか……
【反応】憂鬱だ。仕事が手につかない……

自分には他の社員と比べて価値がないという劣等意識が憂鬱感というネガティブ感情を生み出し、仕事のやる気を下げる結果となったのでした。

この話にも後日談があります。不安に感じた私は上司の秘書に相談をしたのですが、そこで聞いたのは「どうも奥さんとひどく喧嘩して、その日は仕事どころではなかった」ということでした。こころがここにあらずの上司は、私に構っている余裕がなかったのです。その話を聞いて、私の劣等意識という思いこみが姿を消し憂鬱感も解消されました。

思いこみとネガティブ感情の密な関係

このように自分にとって問題となる出来事は、思いこみという色眼鏡を通して感情を生み出す原因となります。思いこみと感情の関係性を理解すると、思いこみについてより確かな理解をすることが可能となります。

◆「怒り」という感情は「権利の侵害」という思いこみが元になって引き起こされます

渋滞を例にとると、ドライバーとしての自分には道路をスムーズに運転する権利があるにもかかわらず、車が混んで前に進めず邪魔をされている。その権利意識がイライラという怒りの感情を生む原因となっているのです。

◆「不安」「心配」「怖れ」のネガティブ感情は「将来の脅威」という思いこみが原因です

仕事の締め切りが近づいているときに、予定通りに進まないのではないかと何かを脅威に感じると人は不安を感じるものです。自分の思い通りに物事が運ばないのではないか、望んでいたことが叶わないのではないか、という将来に対しての否定的な結果の思いこみが引き金となって、人は怖れにかられ、心配になってしまうのです。

◆**「悲しみ」は「損失」という思いこみと関係があります**

モノを失ったときだけでなく、目に見えない誇りが傷つけられて自尊心を失ったときにも人は悲しみの感情に襲われます。

◆**「失望」は「期待が実現しない」と思いこむことで生まれるネガティブな感情です**

人が自分の期待通りに動いてくれないとき、または自分が他人の期待に応えられないとき、私たちはがっかりして元気をなくしてしまいます。

◆**「恥ずかしさ」の感情は「私は人から賛同をもらえない」と思いこむことが原因です**

恥ずかしがり屋は他人の目を気にしていることが多く、「人から馬鹿にされるのではないか」といった思いが、羞恥心という感情を引き起こすのでしょう。

◆**「申し訳ない」という罪悪感は「人の権利を侵害してしまった」という思いこみから発生します**

自分のものが奪われると怒りを感じ、人の権利を奪ってしまうと罪の意識を感じます。

この感情と思いこみの関係性を理解すると、今まで〝自動的に〟物事に反応していた自分が、より合理的かつ意識的に、困難な出来事に対処することができるようになります。

いわゆる「感情的な人」とは、予想外のトラブルが起きたときに自動的に反応してしまい、感情だけが先に立ってしまう人のことです。自分の思いこみについて認知しておらず、思いこみが感情を生み出すメカニズムも理解していないことが感情的になる理由です。
その反対に「理性的な人」とは、感情が失われた人ではなく、その感情が生まれた原因を即座に理解するスキルのある人のことを指します。自分の思いこみのパターンをよく認識し、思いこみと感情の関係性も熟知しているので、トラブルが起きてもパニックにならず、自動的に反射してしまうこともない頼りになる人です。

私たちのこころにいる七種類の「思いこみ犬」

レジリエンス・トレーニングでは、人のこころの内面にある「思いこみ」について理解するために、代表的な思いこみを七種類に分類しました。そしてそれらの思いこみに「犬」の名前をつけることで、わかりやすくしています。

【正義犬】何が公正で正しいかを気にする。自分の意見を曲げず「べき思考」を持つ。「そんなことはすべきでない」「それはアンフェアだ、おかしい」「私はあんなことをすべきでなかった」が口癖。公正でないことが起きたとき、「怒り」「憤慨」「嫉妬」の攻撃系感情を生み出す。

【批判犬】他人を非難し批判しがちである。頑固で意見を変えない。曖昧な状態に耐えられず、物事を極端に考える「白黒思考」を持つ。「それはすべて彼らの責任だ」「バカなことをする人たちだ」「もっと注意深く行動することを考えなくてはいけない」が口癖。「怒り」や「不満」の感情の原因となる。

【負け犬】自分と他人を比較して、自分の足らないところを気にしがち。他人と比べられることを怖れ、自分が人前に出るのを避ける。「自分は役に立たないダメな人間だ」「他の人は自分よりもよくできる」「こんなこともできない自分が情けない」が口癖。「悲しみ」「憂鬱感」「羞恥心」などのネガティブ感情を生み出す。

【謝り犬】何か悪いことが起こると「自己関連づけ」をする。自分のせいで起こったのだと、自分を責めてしまう。「私の責任で失敗してしまった」「人に迷惑をかけたのは私のせいだ」「これでは社会人失格だ」が口癖。「罪悪感」「羞恥心」などの自尊心・自己評価を下げるネガティブ感情を生み出す。

【心配犬】将来のことを憂い、今後もうまくいかないのではと心配する。何かうまくいかないことがあると、すべて失敗してしまうと不安になる、悲観的思考の癖がある。「すべてうまくいかない」「ひどいことになるだろうな」「この部下は今後大丈夫だろうか」が口癖。「不安」「怖れ」などの活力を下げるネガティブ感情を生み出す。

【あきらめ犬】自分で状況をコントロールできると信じない。何をしても良い方向に変えられるとは思わないなど、しばしば根拠のない決めつけをする。「それはできない」「うまくいかない」「自分の手におえない」が口癖。「不安」「憂鬱感」「無力感」などの感情の原因となり、行動への意欲を低下させる。

【無関心犬】「我関せず」の立場をとり、物事に無関心の態度を示す。将来に関してもあまり興味を見せず、面倒なことを避けようとする。「まあ何とかなるだろう」「あせっても仕方がない」「興味がないから、どちらでもいい」が口癖。時に「疲労感」を生み出し、自分と周囲の意欲喪失の原因となる。

人のこころの内面にはいずれかの「思いこみ犬」が住みついていると考えられます。なかには複数の犬を飼っている人も存在します。

どの思いこみ犬が住みついているのかを知るためには、自分が困難な体験をしたときに反応しがちなネガティブな感情と、こころのなかでささやいていたと思われる「思いこみ犬の独り言」から類推する「フィードバック法」が活用できます。

たとえば私の事例❶の場合、入院時に隣の人が騒がしかったことを気にしていた私の内面にはイライラといったネガティブ感情が生まれていました。こころのなかでは「病院で騒がしくしている隣人が悪い」と腹を立てていました。

これは「批判犬」という思いこみ犬の仕業です。批判犬が「隣の人が悪い」と非難し、それが怒りや不満のネガティブ感情を生み出すきっかけとなったのです。

事例❷の場合は、私のなかでは憂鬱感というネガティブ感情が生まれていました。そのときの独り言は「自分には価値がない、職場で役に立っていない」という思いこみです。これは「負け犬」にあたります。

「負け犬」は自分と他人を比較して自分の足らないところを気にする傾向があります。まさに私はそれにあたり、会社では他の同僚と比較して劣等意識を持つこともしばしばありました。これも「負け犬」の仕業だったのです。

過去のつらい体験で刷り込まれた思いこみ

思いこみに関して大切なことがあります。思いこみは自分が生まれ持った性格ではなく、後天的に刷り込まれたものだということです。それを実感してもらうために私はレジリエンス・トレーニングで「思いこみ犬」という架空のキャラクターを使っているのです。

ネガティブな感情を引き起こす原因となるような歪んだ思いこみは、過去のつらい体験により根付いたものが多いのです。たとえば子どものころに母親から繰り返し聞かされた口癖や兄弟と比較された経験、または学校で教師に他の生徒と比べられた過去体験や、社会人になってからの失敗で刷り込まれてしまったものなどがあります。

■思いこみとネガティブ感情の対照表

思いこみタイプ	心のなかでの独り言	ネガティブ感情
批判犬	「彼らが悪い!」	怒り・不満
正義犬	「それは不公平だ!」	嫌悪・憤慨・嫉妬
負け犬	「自分は役に立たない…」	悲哀・憂鬱感
あきらめ犬	「うまくいかない…」	不安・憂鬱感・無力感
心配犬	「私にはできない…」	不安・怖れ
謝り犬	「私が悪いんです…」	罪悪感・羞恥心
無関心犬	「どうでもいいです…」	疲労感

私の思いこみのひとつである「負け犬」は、高校のときの失敗体験により刷り込まれました。それ依頼、私の内面に「負け犬」は住んでいます。

その失敗は高校一年生のサッカーの試合で痛恨のミスをした経験でした。冬に行われた新人戦の試合で私の学校は順調に勝ち、優勝をかけた決勝戦へコマを進めました。決勝戦の相手との実力はほぼ互角で、一対一のまま延長戦にもつれこみます。前後半一五分の延長戦でも試合は決まらず、PK戦で勝敗が決められることになったのです。

私はキックの正確さに自信があったので、フリーキックやコーナーキックも任され、PK戦でも最後にあたる五番目のキッカーでした。練習でもミスしたことはありませんでした。監督からもチームメンバーからも強く信頼されていたのです。

ところが相手・味方すべてのキッカーがPKを決めて最後のキッカーである私の順番がきたとき、私は緊張で頭が真っ白となり、体が自由に動かなくなってしまったのです。背中にずっしりと重いものを背負っている感覚がありました。

気がつくと私が蹴り上げたボールはキーパーのはるか頭上、ゴールポストの上を越えてしまったのでした。致命的な失敗でした。仲間と応援団の失望の声が聞こえました。唯一救われたのは、相手の最後のキッカーのPKを味方キーパーが見事セーブして、私たちの優勝が決ったことでした。ヒーローはそのキーパーでした。私はヒーローになりそこねた悔しさよりも、自分だけがPKをはずした劣等感のほうが大きく残ったのです。

この失敗の体験は自分のこころのなかで拡大して「自分は他の人よりもプレッシャーに弱い」「大事なところで失敗する」と思いこむようになってしまいました。その思いこみが繰り返され、いつのまにか私のこころには「負け犬」が住みついてしまったのです。

思いこみ犬をてなずける方法

ただ朗報があります。後天的に刷り込まれた思いこみは、意図的に捨てる「学習棄却（アンラーニング）」をすることが可能です。あなたの思いこみ犬はたまたま自分のこころに住みついただけで、役に立たない犬だと判断したときには手放すことも可能なのです。

思いこみ犬に対処するための選択肢は三つあります。

ひとつ目が「追放」です。もしその犬がこころのなかで繰り返し吠える言葉の内容が正しくないと判断した場合は、手放してしまうことが最適です。

二つ目が「受容」で、これは思いこみ犬が言っている内容に充分に合意できると考えた場合です。

そして三つ目が「訓練」です。最も多い対処の仕方がこれです。思いこみ犬が言っていることが一〇〇パーセント正しいわけではないが、まったく間違っているわけでもない。その場合は、思いこみ犬をいかにうまくてなずけて今後も付き合っていくかが問われます。

■「思いこみ犬」に対する3つの選択肢

①追放	・犬の意見が不正確で非現実的な度合いが強い場合 ・犬の言葉が疑わしく、信用できそうにない場合
②受容	・犬の意見が正しく現実的に感じられる場合 ・犬の言葉を受け入れ、信用できそうな場合
③訓練	・犬の言葉を信じて良いかどうかわかりづらい場合 ・別の見方が可能な場合

私がレジリエンス研修を実施してきたなかで、ほとんどのケースが「追放」か「訓練」でした。自分の思いこみがまったく役に立たないと気づいて、縛られていた縄を解きほどき、それまで自分を悩ませていた思いこみ犬から自由になって晴れ晴れとした表情をする人がいました。しかし最も多かったのは「訓練」でした。思いこみ犬の言っていることには役に立たないことも多いけれど、一理あると考えた場合です。

思いこみ犬のてなずけ方は人それぞれです。すべての人に当てはまる手段はありません。参考までに私のケースをお伝えしましょう。

私のなかにいる思いこみ犬のひとつは、先にお伝えしたように他人を批判しがちで物事をはっきりとしたがる「白黒思考」がある「批判犬」です。学生の頃まではこの犬は自分の内面に住みついていなかったように思えます。それが社会人になってから居ついてしまった。おそらく外資系企業で徹底的に「クリティカル・シンキング」を鍛えられた結果、すべての物事と人に対して批判的に考える癖が身についてしまったのだと思われます。

他人をジャッジする思いこみの癖は厄介です。無意識のうちに人を批判的な目で見てしまうからです。私など、ある時期は人に会うたびに「この人はどれくらいの年収をもらっているのだろう」と数値で判断するようになっていました。当時の自分は嫌な奴だったと思います。

この「批判犬」は人をジャッジするだけでなく、自分自身も批判します。それが私の二四目の思いこみ犬である「負け犬」と関連しています。この負け犬は高校のときの試合でPKを失敗したことがきっかけとなって住みついたものですが、批判犬と一緒になると、自分と他人を比較して、自分の足らないところを批判することもあります。自信が消耗する原因となります。

吠え方も犬によって異なります。「批判犬」は強い勢いでワンワンと吠えます。その一方で「負け犬」はか弱くクンクンと泣きます。でも「負け犬」のほうがしつこく、いつまでもつきまとう傾向があります。

「批判犬」をなだめようとしても、うまくいかないことが多い。火に油を注ぐような感じです。そこで私は「批判犬」が吠え始めたら、そのままにしておくという作戦をとります。一歩下がって吠えている様子をただ観察するようにします。ときおり「批判犬」が吠えている内容を分析することもあります。白黒思考ですので、極端な意見が多いのですが、善し悪しの判断はせずに分析的に聞きます。自分が好奇心旺盛な探偵になったかのように。

すると「批判犬」の態度は変わらなくても（あいかわらず吠え続けることが多いのですが）、私の受け入れ方が変化します。あまり気にならなくなるのです。興味関心が薄れた様子を見て、「批判犬」はどこかに行ってしまうこともあります。

「負け犬」の場合は、子犬をあやすように優しく接する作戦を使います。「よしよし、そうかそうか」と言いながら頭をなでるような感じです。それによって問題を解決することが目的ではありません。「自分はダメだ」と泣き言を言っているのですが、無理に励ましたりすることもありません。ただ癒しの手をさしのべて、思いやりの態度でいるだけです。すると泣き止むことが多いのです。

思いこみ犬はただの犬、本来のあなたではない

最後にひとつだけ覚えておいていただきたいことがあります。

それは自分の内面に住みついていた「思いこみ犬」に気づくことは、大きな進歩であることです。思いこみに気づかずに、思いこみ犬が吠えている役に立たないことを自分自身の言葉だと信じている人がどれだけいるか。それはただ犬が「ワンワン」と勝手に吠えているにすぎないのです。

あなたは思いこみ犬ではありません。あなたは思いこみではなく、思いこみ犬を観察している別の存在なのです。こころのなかで考えていることは、必ずしも真の自分ではありません。それはただの犬にすぎないのです。

自分が囚われ、自分の自由な行動を縛っていた「思いこみ犬」に気づいたとき、そしてその犬を現実的で合理的でしなやかな考えで、てなずけようとしたとき、思いこみ犬と本来の自己との間に距離をおくことができます。

私が愛知県にある老舗企業でレジリエンス研修を行った数週間後に、ある部長の方と話をする機会がありました。

「今まで私はネガティブな考えが悪いものだと信じていて、そのような考えが生まれてきたときには必死で蓋《ふた》をしようとしていました。でも否定的な考えが生まれること自体は受け入れていいと教えてもらったとき、楽になりました。無理にコントロールしなくてもいいんだな、と思えるようになったからです。

今では思いこみ犬の内容をカードにして、職場の机の上に並べています。そしてストレスを感じたり嫌なことがあったときに、どの思いこみ犬が吠え出したかを探ろうとしていきます。するとどれだけうるさく吠えていても、あまり気にならないのですね。この習慣を始めてから、部下に八つ当たりをしないようになりました。そんな自分のことが少し好きになりました」

明るく、しかもリラックスした様子で語る部長は、しなやかなこころを手に入れて幸せそうでした。

まとめ

第二の技術　役に立たない「思いこみ」をてなずける

Challenge Your Hidden Belief

「思いこみ」とは過去に体験により刷り込まれた信念・価値観である。ストレスやトラブルなどの体験から生まれる刺激がきっかけとなり、思いこみから感情や行動につながる。

思いこみには七種類のタイプがある。自分の思いこみのタイプを自覚し、三つの選択肢（追放、受容、訓練）から対処法を選ぶことがネガティブ感情にコントロールされないためにも肝要である。

第三章

第三の技術 「やればできる！」という自信を科学的に身につける

Self Efficacy

どん底から這い上がる筋力「レジリエンス・マッスル」を鍛える！

ここまでは失敗や逆境などのつらい出来事に直面して精神的に落ち込んだときにどう対処すればいいかについて、レジリエンスの二つの技術を解説してきました。ここからはネガティブな感情の反芻を起因とした悪循環から脱出した後にいかに再起するかというステージにフォーカスしていきます。

このステージは高い目標に向けて這い上がる段階とも言えます。坂道を駆け上がるにはそれなりの筋力が必要です。そのための心理的な筋肉を「レジリエンス・マッスル」と呼びます。「レジリエンス・マッスル」が平時でどれだけ鍛えられているかが、外的なストレスに対する耐性の違いや有事に困難な壁を乗り越えられるかどうかにも表れてきます。「レジリエンス・マッスル」にはその鍛え方が四種類あります。この章では「レジリエンス・マッスル」を鍛えるひとつ目の方法について説明をします。

自信は「科学的に」養うことができる

充分な自信を持つこと、そして自分の能力を信じることはレジリエンスだけではなく、ビジネスにかかわるすべての人にとって欠かせない能力です。

自信に満ちたビジネスマンは、仕事で期待されている目的やゴールを達成するために必要な能力を自分は持っていると信じています。仮に困難な問題に直面しても「自分ならこの問題を解決できる」と信じているので、動じることなく冷静に対処することができます。問題解決のために必要なものはすべて自分のなかにあると考えている。この自信あふれる態度の人は、楽観的に将来を見ることができます。

しかしながら、自信というものは曖昧な概念です。生まれながらにして自信に満ちあふれた人がいる一方で、人前で自信を見せることができずに困っている人もいます。自信というものはなかなか変えることができない性格的な特質とも考えられます。

そこで科学的に高めることができる自信というものを教えます。心理学では「自己効力感」と言われるものです。この自己効力感を高めることこそが、困難な目標に向かって這い上がる筋力である「レジリエンス・マッスル」を鍛えるひとつ目の方法となります。

しかもこの知識はスキルアップを目指すビジネスマンにとって非常に有用なものです。私ももっと早く知っておけばよかったと後悔することがあります。

自己効力感の研究は、カナダ人の心理学者で現在は米・スタンフォード大学心理学部教授であるアルバート・バンデューラ博士によって、二〇世紀後半に大きな発展を見せました。バンデューラ博士は全米心理学会会長を務めたこともある著名な学者です。博士は自己効力感をこのように定義しています。

「その人の持つ目標や成果の達成への自己の能力への確信と信頼」

少しわかりづらいかもしれません。簡単に言うと、自己効力感とは、ある目標や行動に対して「自分ならやればできる！」と感じる度合いを表すものです。ある結果に到達するために必要なアクションを、その達成がたとえ困難だと感じても、努力すれば「できる、がんばれる」と強く思う信念のことを示します。

自分の効力感を測定する一〇の質問があります。これらの問いにあてはまるかどうかをチェックしてください。「とてもあてはまる」または「ある程度あてはまる」と答えられる問いが多ければ多いほど、自己効力感が高いと考えられます。

【自己効力感を測定する一〇の質問】

□私は、一生懸命がんばれば、困難な問題でもいつも解決することができる

□私は、誰かが私に反対しても、自分が欲しいものを手にするための手段や道を探すことができる

□目的を見失わず、ゴールを達成することは私にとって難しいことではない

□予期せぬ出来事に遭遇しても、私は効率よく対処できる自信がある

□私はいろいろな才略に長けているので、思いがけない場面に出くわしたとしても、どうやってきりぬければよいのかわかる

□必要な努力さえ惜しまなければ、私はだいたいの問題を解決することができる

□自分の物事に対処する能力を信じているので、困難なことに立ち向かっても取り乱したりしない
□問題に直面しても、いつもいくつかの解決策を見つけることができる
□苦境に陥っても、いつも解決策を考えつく
□どんなことが起ころうとも、私はいつもその事に対処することができる
〈引用元・一般性自己効力感尺度（Generalized Self-efficacy Scale）(Schwarzer and Jerusalem, 1995)〉

自己効力感を高めやすいのは自分の得意な分野

自信はあまりなさそうですが、仕事で成果をあげることができる人がいます。また自信満々の人が結果を出せないで苦労していることもあります。

たとえば人前で話をするときには自信なさげでも、ビジネス文書を書かせると説得力のあるコミュニケーションができる人がいます。書くことを通して仕事の目標の達成ができるという自己効力感が強いタイプの人です。財務・経理畑の人、弁護士や公認会計士などの「士業」の専門家などにこのタイプが多いのではないでしょうか。

また全般的な運動能力は平均的な人でも、持久力を必要とするマラソンや遠泳といった運動に関して自己効力感が高い人がいます。「スポーツは自信がないけれど……」と謙遜し

ながらも、おそろしいほどのスタミナを発揮するのです。

小柄で華奢、とてもフルマラソンを走破できるようには見えない女子選手が多くの男性ランナーよりもはるかに早いペースで走りきってしまうなんてことがあります。その女子選手にはスタミナを必要とする競技に対しての自己効力感の高さがうかがえます。

学業の分野にも自己効力感は影響します。自分の効力感が増せば、プレッシャーを感じるような受験や資格試験のときにも実力を思う存分発揮することができます。数学に効力感がある人は「どんな問題が出ても自分は解答することができる」という自分の計算能力や問題解決力への信頼があります。緊張は感じても、試験へのストレスでこころが折れるようなことはありません。

このように、自己効力感は一般的な自信とは異なり、ある特定の分野の目標に対して発揮されるポジティブな心理能力です。どれほど壁が高くても、努力さえすれば乗り越えることができると「自分をどれだけ信頼できるか」が自己効力感のレベルの違いを表します。

2 自己効力感を養う四つの方法

仕事において自己効力感が磨かれれば、困難な仕事にも「自分ならやればできる」と確信することが可能となります。

自己効力感を持つことは、自分の内面に「ダイナモ（発電機）」を有しているようなものです。どんなに難しい課題でも、どれだけ時間がかかっても、あきらめずにゴールに向かって進み続けることができる。何かを成し遂げるために必要な活力は、自分の内面から生まれてくるのです。自己効力感を養うために実証された四つの方法があります。

【自己効力感を養う四つの方法】

◆実際に行い成功体験を持つこと（直接的達成体験）→「実体験」

◆うまくいっている他人の行動を観察すること（代理体験）→「お手本」

◆他者からの説得的な暗示を受けること（言語的説得）→「励まし」

◆高揚感を体験すること（生理的・情動的喚起）→「ムード」

それぞれについて具体的に解説をしていきましょう。

2 実体験の積み重ねが違いを生む

自己効力感を高めるひとつ目の方法が、自分で設定した目標に向かって必要な「実体験」を繰り返し行うことです。直接的な体験が多ければ多いほど効果的です。

まだ仕事の自信が形成されていない新入社員に「やればできる！」という自己効力感を養うには、小さな仕事でも構わないので成功体験を味わう機会を与えることは効果があり

■ 自己効力感を高める4つの要因

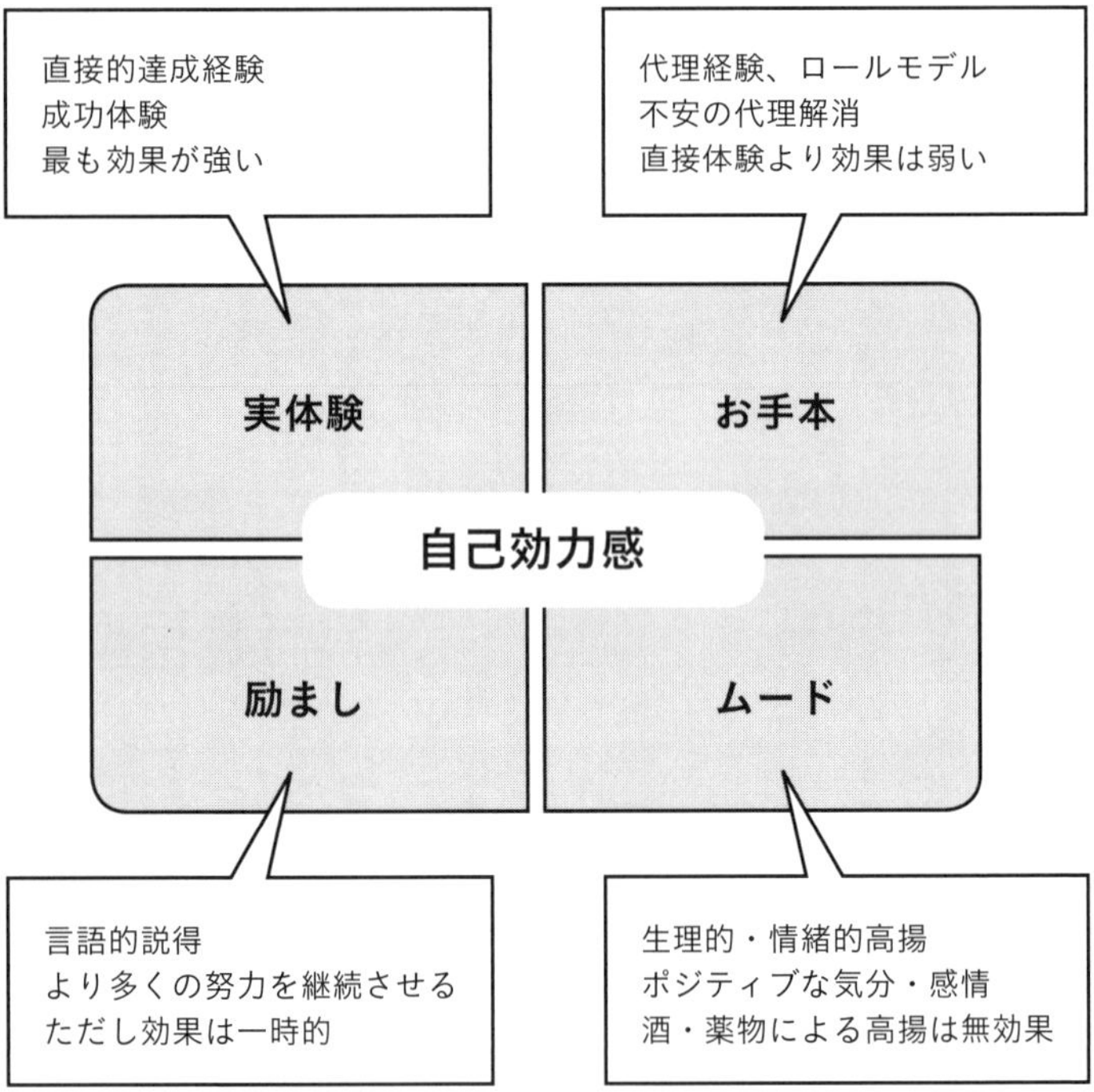

参考：Bandura, Albert. Self-efficacy. John Wiley & Sons, Inc., 1994.

ます。そして毎週の報告会の会議の時間で、最後の五分間を確保し、社員に「先週うまくいったことは何か」と質問し、どんな小さなことでも構わないので仕事における達成体験を共有してもらう。この習慣が、若手の社員を加速的に一人前に育てることになります。

今までできなかったことを目標にすることで、その目標の達成に対しての信念を形成する。それが自己効力感を意味するのですが、「泳ぐこと」を例にとって考えてみましょう。

泳げるようになるためには、いくら本を読んで知識を増やしても充分ではありません。まずは水のなかに飛び込んでみて、実際に泳いでみることを体験することが第一です。

ただ、自分の足が届かないような深さのプールで泳ぐことは「溺れるのではないか」という怖れを生み出します。泳げない人にとっては、泳げるようになるまでの練習は試練なのです。そしてその試練を乗り越えるためには、スイミングのスキルとともに泳ぐことに対しての自己効力感が必要となります。「自分は溺れることなく泳ぐことができる」という能力に対しての確信と信頼が欠かせないのです。

私の息子は泳ぐことがあまり得意ではありませんでした。息継ぎが苦手だったのです。水中で息がうまくできずに口のなかに水が入って咳き込み、苦しい思いをしたことがありました。その怖れが体をこわばらせ、スムーズに体を動かすことができないでいました。結果として水泳に苦手意識を持っていたのです。

ところが海外に住んでしばらくしてすぐに泳げるようになりました。今ではスイミングは息子の得意なスポーツのひとつです。学校でのクラブ活動では毎回一〇〇〇メートル以上泳いでいます。その秘密は、あるプライベートレッスンにありました。

私たちが住んでいたマンションには五〇メートル級の大きく美しいプールがありました。そのプールで子どもに水泳を教えに来ているトレーナーらしきおじさんの姿を見かけました。家庭教師のように自らマンションにやってきて教えているようでした。

「うちの子も一緒にスイミングを教えてくれないか」とそのおじさんにお願いをしました。料金は日本のスイミングスクールより格安で、何よりプールに連れて行かなくてもトレーナー自ら来てくれるので親としては楽でした。

学校から帰宅した後に息子のレッスンが始まりました。しかしその教え方が奇妙でした。基本スキルを教えることはゼロだったのです。何を教えていたかというと、立ち泳ぎの仕方でした。まずはプールに入らずに陸の上で両手を広げる動きを反復練習させました。次に両足も円を描くような動きを訓練しました。動きがある程度マスターできたことを確認してからは、プールの真ん中でその動きを再現するように指示するのでした。

息子はおそるおそるプールのなかに入り、両手と両足で弧を描き、立ち泳ぎを懸命に行います。始めはトレーナーが息子の体を支えていたのですが、しばらくすると手を離して自分で泳がせます。泳ぎというよりも水に浮かぶためのスキルでした。

実はこのおじさんは一般のスイミングのトレーナーではなく、サバイバル・スイミングの専門家だったのです。自分が溺れそうになったときに生き残るための技術はもちろん、溺れそうになった人を救うレスキュー・スイミングについても訓練するものでした。

サバイバルが目的ですから、美しく速やかに泳ぐスキルは教えません。そもそも美しく泳ぐことにまったく価値を感じていないようでした。速く泳ぐことよりも、いかに沈むことなく長時間浮かんでいられるか、それが優先事項だったのです。

「間違えた」と感じた私はレッスンをキャンセルしようと考えたのですが、意外にも息子がそのレッスンを「楽しい」と言っていたので思いとどまりました。数週間もしないうちに、息子は実にうまく泳げるようになりました。「自分は決して溺れない。いざとなったら浮かび続けることができる」という自己効力感が形成されていたからです。

勘違いで始まったサバイバル・スイミングの訓練でしたが、溺れずに立ち泳ぎをすることに成功した実体験の積み重ねが息子の効力感を高め、水泳の苦手意識を克服させました。

英語ができない人は「実体験」が足りない

自分の体を使って直接的な体験を行うことは、自己効力感を養う最も効果的な方法です。とくに苦手と思えることに打ち勝った成功体験は、自己効力感を強く育てます。たとえば多くの日本人が苦手とすることに英語のコミュニケーションがあります。私もそうでした。

英語力に自信を身につけたいときは、英語を浴びるほど聞き、頭がふやけるほど英語で話す訓練が、効果があります。英語教育ではこれを「イマージョン」と呼びますが、まさに英語漬けの世界に没入することです。

私は外資系の会社に入社したのですが、当初はまったく英語が話せませんでした。当時英語力が足りなかった社員は、海外に研修に行くことができました。アメリカ・カリフォルニア州のサンフランシスコで四カ月に渡る研修が行われたのです。ある意味でラッキーでした。給料をもらいながら、憧れの海外生活を満喫できたからです。

しかし授業は大変でした。徹底的に英語を使うことが期待されたからです。朝から晩までまさに英語漬けの毎日でした。ネイティブのアメリカ人の授業の後は、地域でスポーツなどの活動をすることが推奨されました。私は思いきってスキューバダイビングの免許を取得するためにスクールに通ったのですが、言葉が不自由なままで海に潜ることは命がけなので必死でした。

ただ、朝からCNNのニュースを英語で観て、日中はネイティブからビジネス英語の授業を受ける。夕方は地域の人々とスポーツを行い、夜は英語でドラマやコメディ番組を観て、週末は映画館で字幕のない映画を観たり、ラジオを聞きながらドライブをする。まさに英語漬けの毎日を送っていると、脳が英語に慣れてきたのが感じられました。

スピーキングには時間がかかりましたが、リスニングはかなり上達しました。聞き取りさえできれば、会話は何とかなります。「自分は相手の話の内容を理解できる！」という小さな成功体験が自己効力感を形成し、スピーキングやライティングの自信へと結びつく好循環を形成したのです。

一カ月もするとブロークンながらも堂々とした英語のコミュニケーションができるようになっていたのは自分でも驚きました。

私の個人的な経験からしても、英語に関しては知識やスキルを身につけるだけでは充分ではありません。英語コミュニケーションの自己効力感が重要だと思います。「自分は英語で言いたいことを伝えることができる」というコミュニケーション能力に対しての確信があるのとないのとでは大きな違いを生みます。

日本人の多くが英語を苦手としているのは、知識やスキルが足りないからではないと思います。学校の義務教育ではかなり高いレベルの文法や単語の知識を教えられています。ただ「場数」を踏んでいないため、英語に対しての自己効力感が低いのです。

アジア新興国でビジネスをすると、堂々とした英語を話す人を多く見かけます。決して流暢ではありません。しかしコミュニケーションに支障はありません。ボキャブラリーや文法の知識は日本人よりも劣りますが、場数を多く踏んで実体験を重ねています。日本人は実体験が圧倒的に足りないため、英語力で負けてしまうのです。

外国語の習得に関して日本では知識偏重型ですが、自己効力感によりウエイトを置いた教育がなされるだけで、かなりの上達が得られるのではないかと私は考えます。

自分のロールモデルに見習う

自己効力感を形成する二つ目の方法が「お手本に見習う」ことです。うまくいっている他人の行動を観察することで「代理体験」を得る心理的効果が生まれます。

人は自分に近い立場の人が困難と思われることを成し遂げたとき、自分にもそれを達成することが可能だと思えることがあります。「あの人にできたのだから、自分も大丈夫だ」と失敗の怖れやうまくいかないことへの不安が解消される。これが代理体験の効果です。

お手本は「ロールモデル」とも呼ばれますが、自分が目指すゴールをすでに達成した人、または目的を成し遂げるために必要なスキルや能力をすでにマスターしている人がロールモデルとしては望ましいです。

学校における教師は生徒にとっての最も身近なロールモデルです。大学院になると、指導教官がメンター（指導者）役となり、密な人間関係が形成されます。そのつながりは一生ものです。どの研究をするべきか八方ふさがりになったとき、今後のキャリアで迷ったときなどに自分のロールモデルとしてのメンターとの関係が生かされます。結婚などの人生の相談事にも助けをもらうことがあるそうです。

またプロのスポーツ選手に憧れを感じて、その選手のポスターを自分の部屋にはり、試合はTVやビデオでかかさずチェックして、その選手のプレーだけでなく練習方法や生き方までもお手本にしようとする少年たちがいます。

海外では昔から野球のベーブ・ルース、サッカーのペレ、バスケットボールのマイケル・ジョーダンが少年たちのロールモデルとされて勇気を与えてきました。現在ではイチローや上原浩治、香川真司や本田圭祐をロールモデルとして「オレもいつか世界で活躍できる」という自己効力感を高めている子どもたちが国内で増えているのではないかと思います。

家族では両親が子どものロールモデルになりえます。昔から母親は子どもを胸で抱きしめることで愛情を伝え、子どもは父親の背中を見てその生き方を学び、敬う心を知ると言います。自分の親が幸せで満ち足りた人生を送っていることを見れば、「自分も大人になったときに充実した生き方ができる」という効力感の源になるはずです。

そしてたとえ困難にあっても、正しく柔軟な思考で問題を解決してそれを乗り越える両親の姿を見て育った子どもたちは、自分がトラブルにあっても克服することができるというゆるぎのない自信がつくものです。

会社であれば上司や先輩がロールモデルになるのではないでしょうか。ただ漠然と憧れるのではなく、自分が必要としているスキルを体現している人を選んで自らの見本とすることが大切です。

上司をモデリングしてビジネススキルをアップ

仕事においても自分が一人前になるために必要なビジネススキルを短期間で身につけるべく、上司や先輩をお手本として意識的に「モデリング」をする方法があります。モデリングとは、自分のお手本となる人の思考や行動を真似する方法で、自己効力感を研究したバンデューラ博士の研究でもあります。同じような動作や行動をすることで、人は学習し成長するとされました。

私が長く勤務したP&Gでは、すべての文書を一枚にまとめる「ワンページメモ」が伝統となっていました。社内で意思決定に使用するすべての書類は定型フォーマットに従い必ず一ページ内にまとめる、という社内ルールです。

P&Gは八兆円以上もの売り上げを誇るグローバル企業ですが、全世界の一五万人の社員がこの「ワンページメモ」を書き、重要な決定が一枚の書類によりなされているのです。しかし自分の伝えたいことを一枚にまとめることは、想像以上に難しい作業です。すぐにはできるようになりません。P&Gでは「ワンページメモ」が自分で書けるようになって一人前とされていました。

それまでは上司から何度もアカを入れられて訂正されることになります。私の上司は文書におけるコミュニケーションが非常に上手なロールモデルだったのですが、とても厳しい人でもありました。午前中に書類を仕上げ、午後に上司に見てもらい、夕方に真っ赤に訂正された文書が返ってきて終電近くまで書き直す、といった日々が続いていました。

訂正が繰り返されると、自分が書いたオリジナルの文書がほとんどなくなっていることもめずらしくはありませんでした。「だったら自分で書けば良いのに」と何度も思いましたが、そのたびに「訂正された文章を見て学ぶことに意味がある」と諭されるのがおちでした。

アカを入れられ、ダメだしされるのはつらい体験です。それを失敗体験と捉えたならば、自分の自信は消え失せてしまったでしょう。ただ、書き直しが続くとストレス耐性がついてくるのか、多少の訂正では自尊心が傷つくことはなくなりました。

レジリエンスを知った今であれば理解できます。繰り返しアカを入れて訂正する行為は、部下である私が上司の文章を真似ることを通して、ロジカルな思考や問題解決力、そしてリーダーとして必要な決断力をモデリングするためのトレーニングでした。

「ワンページメモ」を書き上げるという困難な課題に挑む過程で、その副産物として成果をあげるビジネスマンに必要なスキルをモデリングすることができたのでした。

P&G出身者は別の会社に転職した後も活躍している人が多く「人材輩出工場」とも言われています。「ワンページメモ」を通して上司から熱心に鍛えられることで、ビジネスマンとしての能力の効力感が高まったことがその秘訣ではないかと私は考えます。

無理を可能にさせた「お手本」の話

自分と近い立場の人が不可能だと考えられていた偉業を達成すると、それが代理体験となり「自分たちにもできるのではないか」という自己効力感が発生することがあります。有名な実話としてロジャー・バニスターの逸話があります。

バニスターはイギリスのオックスフォード大学医学部の学生で、中距離の選手でした。オリンピックに出場するほどの実力のある選手だったのですが、大会本番の一五〇〇メートル走では残念ながら四位に終わり、メダルを逃してしまったのでした。

大会後、バニスターは選手とし走ることを辞めるかどうか悩み、一度は引退を発表したのですが、すぐに引退を取りやめ、驚くことを宣言しました。「不可能を可能にする」と言い切ったのです。具体的には、当時不可能だと考えられていた「一マイル四分の壁」を越えてみせる、と公に宣言したのでした。これは大きな反響を呼び、新聞もこぞってバニスターの挑戦を騒ぎ立てました。

しかし科学者はバニスターにとても批判的でした。なぜならば人間の体では一マイル四分以内で走りきるのは無理だと医学的にも生理学的にも考えられていたからです。

バニスターは世間の声に振り回されるような男ではありませんでした。彼は周りの不安意見を無視して、失敗を怖れることなく、新しい試みに出る行動をしたのでした。当時としては新しいインターバルトレーニングを取り入れ、徹底的に自分の肉体を訓練したのです。

その反逆者的な行動を大衆は支持し、それが彼のライバルの闘争心に火をつけました。世界的な記録保持者でもないバニスターに世間の注目が集中したのですから、ライバルもおもしろくはありません。結果としてバニスターを真似て数々の一流ランナーが「一マイル四分の壁」を超えようと努力をしました。その競争は世界中で注目の的となったのです。

バニスターも含め多くの選手が挑戦するなか、「一マイル四分の壁」は予想以上に厚く、誰も超えることができないでいました。バニスターも四分二秒台が精一杯だったのです。バニスターの友人は「もうあきらめたほうがいい」と助言するのですが、またもや聞く耳を持つことはありませんでした。

そして一九五〇年代半ばのある日、母校のオックスフォードのトラックでの試合でした。強風のため試合をキャンセルするかどうかを悩んでいたバニスターは、試合の寸前に風が吹き止んだことを確認し、約三〇〇〇人の観衆が見守るなか、最高のスタートを切ったのです。その経過はBBC（英国国営放送）ラジオで中継されました。数分後、首位で走り終えたバニスターの記録が、沈黙で包まれた競技場で高らかにアナウンスされました。「タイムは三分……」。結果が最後まで伝え終わる前に、競技場と世界は熱狂につつまれました。「三分五九秒！」。ついにバニスターは「一マイル四分の壁」を越えたのです。

バニスターは試合後のインタビューで、その歴史的記録を成し遂げた瞬間をこのように回想しています。「私は大自然とひとつになったようだった。今までにない新しい力と美しさの根源を発見したのだ……」と。

バニスターにはギネスブックから世界記録の表彰がされ、その偉大な記録はその後長く保持されるものだと信じられました。ところがわずか二カ月後にその記録はライバルのオーストラリア人にあっさりと更新されてしまいます。

それだけではありませんでした。バニスターの偉業の一年以内に「一マイル四分の壁」を破った選手はなんと二三人に及んだのでした。

次の年には三〇〇人以上のランナーが四分以内で走破しました。その次の年の記録は残っていません。一マイル四分以内で走ることがめずらしいことではなくなり、もう誰も記録を残していないからです。

ランナーの肉体能力が格段に進歩したわけではありません。変化したのは物の見方、つまり「一マイル四分の壁」は学者や人々が作り上げた神話であり、自分にも越えることができるという自己効力感だったのでした。これもバニスターの不可能を可能にしたロールモデルとしてのお手本がなければ、神話は神話のままであったかもしれません。

「やればできるよ」と励ます人がいることの幸せ

「実体験」「お手本」に続く自己効力感を高める三つ目の方法は「励まし」です。

これは何か困難な課題に挑戦しているときに「あなただったらできる」「才能があるからあきらめずに続ければ何とかなる」と励ましの言葉をもらうことを示します。「言語的説得」とも言います。

「やればできるよ」と言われてそっと優しく背中を押された気分になると、やる気になって努力を続けることができるものです。そして小さな成功をしたときには「よくやったね。おめでとう」と褒め言葉をもらうと、それが自分の小さな自信の源となり、自己効力感が向上する好循環のきっかけになることは多いのです。

自分で自分を励ます方法もあります。これは「アファメーション」と言い、自己啓発本ではよく推奨されています。たとえば「鏡のなかにいる自分を見つめながら、『私ならできる、私なら成功する』と一〇回唱えましょう」という手法です。

アファメーションは非常に人気です。しかしながら、その効果は限界があることが心理学の調査ではわかっています。物事を実現するには時間がかかります。そして自分を変えるにはさらに時間と自己規律を必要とします。アファメーションで唱えたことがなかなか実現しないときに、多くの人は自信が不信に、希望が失望に変わってしまうからです。

私はすべてを自分ひとりでがんばろうとするよりも、積極的に他人の助けを借りるほうが「自分はできる！」という自己効力感が高まると考えます。

でも自分に自信のない人ほど、他人の助けを請うときにためらいを覚えるものです。これも「断られるのではないか」という怖れや「自分には人の時間を割くほどの価値がないのではないか」という自尊心の低さから生み出される行動回避です。この悪癖を克服しないと、次のステップには望めません。

皆さんの周りには「あなたならできる」と信じて励ましの言葉を投げかけ、背中を押してくれる人はいますか。いるとしたらその人はどんな言葉をあなたに伝えるでしょうか。

愛知県の老舗企業でレジリエンス研修をしたときのことです。その研修での主人公は、ある営業課長でした。その会社では新技術を使った商品の新規開拓が課題だったのですが、その正否を担っていたのがその営業課長だったのです。

しかし度重なる商談の失敗から、その真面目な課長は自信を失っていました。新規顧客を開拓するという目的に対しての自己効力感が低下していたのです。仕方がないのかもしれません。新しい顧客に電話をしても、「うちはそんな製品はいらないよ」と即座に断られてしまうことが続いていたからです。成功体験が重なると自己効力感が高まりますが、失敗体験が積み重なると逆に自己効力感は下がってしまいます。

今後の会社の発展のキーマンとして期待をかけられていたのですが、「うまくできない」

と消極的になっていたのでした。初めての顧客に電話をかけること自体が億劫になっていました。そんななか、レジリエンス研修が行われたのです。

レジリエンスを養う第三の技術である自己効力感の形成法の演習を行っているときでした。その課長に「難しい課題を成し遂げるために、背中をそっと押して励ましてくれる人がいるとしたら、誰ですか」という問いかけがありました。するとその課長は「社長です」と即答したのです。

私にとってその答えは意外でした。その課長に最も厳しく接していたのが社長だったのです。会議中に叱咤されることも多かったと耳にしました。しかし営業課長は、現在の若社長が後任として社長に就任したときに抜擢され、それまでの研究開発の仕事から新しい領域の営業に異動したことを覚えていました。技術を熟知している者だからこそ、画期的な新技術の顧客開拓ができると期待をかけられていたのです。

しかし、人の失敗やミスを目の当たりにすると、間違いを繰り返させないために怒鳴りたくなる衝動が出てくるものです。それが、自分が育成責任を持つ相手、さらには次世代リーダーとして高い期待をかけた部下となるとなおさらです。部下の失敗は自分の責任であり、自分の育成スキルのなさが批判されるという怖れや自分を守りたい我欲が原因で、怒りや悪言といった破壊的な行為に結びつくのだと考えられます。

ただそこをぐっと我慢して、励ましの言葉を熱心に伝える。相手のポテンシャルを信じて、自己効力感を高めることに専念する。そのような上司が必要とされている。この営業課長の声を聞いて、社長は自分の役割に改めて気づいたようでした。

会社の正念場とも言える国際見本市では、社長は営業チームを叱咤激励する役割を果たしました。士気を上げるために事前の準備も欠かしませんでした。ここ数年間は費用を投資して東京での展示会に出展していたのですが、成果は芳しくなかったからです。

社長の励ましを背景に、営業課長は必死で見本市を訪れる新規顧客の対応にあたったといいます。そしてその後にフォローアップの電話をすることを忘れませんでした。

「今までとは違う反応を得られました」と営業課長は明るい声で私に教えてくれました。昨年までは見本市で自社ブースを訪れた会社にフォローの電話をしても「あ、うちはいいですから」とにべもなく断られることが多かったのですが、今年に限ってなぜか、商談のアポイントメントに結びつくことが多かったということです。

新技術のため、すぐに成約率のアップにまでは至ってはいませんが、昨年までと比べると大きな進歩です。

「我が社のブースには活気があったからですかね。私も含めて社員は皆士気が上がって、自信にあふれていましたし、他社と比べて印象に残ったのではないでしょうか」と話していました。

数十社が同時に出展する見本市では、第一印象による差別化が必要です。そして他社よりも一歩抜きん出るものは、展示されている内容と同等以上に社員の表情や活気、そして醸し出される雰囲気であるのです。

「この会社であれば、任せておける」という信頼を感じることができたら、詳細は後から商談で聞けばいい。今回の見本市では、自己効力感が高まった営業課長とそのチーム全体が、強い信頼感を形成することに成功したのでした。

手紙による「励まし」は長期に渡る効果がある

私は励ましの言葉は再現性があると考えています。口で伝えた励ましも効果的ですが、それが書面で伝えられた場合、受け取った本人が繰り返しその文書を目にすることで、励ましの効力が再現されるのです。

看護系大学の准教授の方に教えてもらったのですが、ある病院では看護部長が病院で働く看護師に向けて「感謝の手紙」を書くことを習慣にしています。その文面はこうです。

「わたしは、あなたが行った看護サービスについて、とても素晴らしかったという知らせを患者さんの家族から受けました。あなたの活躍は、きちんと記録しておきます。

あなたのような看護師が、一〇年もの間私たちの病院に勤めていただき、感謝しています。そしてあなたが、患者さんとそのご家族のためにしてくれたことに感謝しています。

あなたは、この病院で人々の人生に違いをもたらし、この病院を素晴らしい病院にしてくれています。ありがとうございます」

この病院では、看護部長がリーダーシップをとって何百人といる看護師の一人一人に直筆の手紙を書くという習慣を行っていました。その励ましの手紙を受け取った看護師のなかには、あまりにも感激して自宅の居間に額に入れて飾っている人もいるほどです。

手紙による励ましは、その手紙を繰り返し読むことが可能なので、長期に渡る効果があると思われます。それが感謝の念を相手に感じさせるような励ましの場合は、こころ・感情・体のすべてにポジティブな効果を与えます（感謝の研究については、第六章で解説します）。

JALで採用された「サンクスカード」という励まし

企業でもお互いに励ましあうことで集団としての効力感を高め、逆境を乗り切る際の原動力となる取り組みがなされています。

倒産後に予定を上回るスピード再生で経営再建を果たしたJAL（日本航空）は、再建請負人として無給で会長の任を果たされた稲盛和夫さんの功績が有名ですが、残された社員の自助努力があったことも無視できません。

倒産時のＪＡＬは部署間での風通しが悪いことが課題となっていました。航空会社は従業員の役割が明確に分かれており、広い空港内では部署を越えて顔を合わせて働く頻度が多くありません。また現場は各空港にあるため、一堂に会する機会も稀です。結果として社員同士のつながりが薄く、お互いの思いやりにも欠けていました。

協調性や思いやりの意識が少ない航空会社は、「定時到着率」という乗客にとって重要なサービス指標を達成することが困難となります。なぜなら飛行機の運航には天候や機材の問題など、予想外のトラブルが頻繁に起こり、それらの不慮の事態にしなやかに合理的に対応できる「部署間を越えたチームワーク」が必須となるからです。

飛行機が飛ぶまでには空港での搭乗手続きを行うグランドスタッフから手荷物を搭載するグランドハンドリング、パイロットやキャビンアテンダント、そして整備士など多くの従業員がかかわっています。しかもＪＡＬ本社ではなくサービス会社に所属している従業員も多く、お互い顔を見ることができない、遠隔でのチームワークとなります。だからこそ、信頼関係が欠かせません。

では、ＪＡＬではどのような仕組みが取り入れられたのか。

まず開始されたのが、再建後まもなく作成された新しい経営理念である「ＪＡＬフィロソフィ」の浸透を図る教育研修でした。対象はＪＡＬの社員だけでなくサービス会社の社員も含まれ、二時間の研修が三カ月に一度の頻度で行われました。研修といっても講師が経営理念を一方通行で話す講義形式ではなく、社員の一人一人に「ＪＡＬフィロソフィ」を「腹落ち」させるためのディスカッション形式の研修でした。

そこではパイロットやキャビンアテンダント、空港スタッフや整備士など、普段同じ場所に集まって同じ時間を共有することのなかった人たちが部署の垣根を越えて議論する「場」が形成されました。仕事や役割は異なりますが、ＪＡＬという企業で働く上で根底にある共通のものを理解することが目的だったのです。

講師は外部から招いた人ではありません。意識改革・人づくり推進部という社内の専用の部署に配属された、パイロットや客室乗務員や整備士など現場の最前線で働いてきた人たちです。だから説得力があります。研修では同じテーブルにさまざまな制服を着た人たちが一堂に会して熱い議論を行っています。その部屋に一歩入るだけでも、ひとつのチームで働いている一体感が醸し出されています。

しかし「ＪＡＬフィロソフィ教育」を始めた当初はグループ内でネガティブな発言をして場を下げてしまう人がいたそうです。昔のＪＡＬでは否定的な意見を言う人が賢い、格好いいとされてきたからです。ただ、研修を繰り返すうちに経営理念が浸透し、議論のなかでネガティブな意見を言う人が格好悪い人に見られるように社員が変わったと言います。

そして社員同士のつながりを高めたのが、励ましのツールでした。ＪＡＬでは「サンクスカード」というものが活用されています。

たとえば飛行機の到着が遅れたときに、次の便の遅れを防ぐために機内清掃を短時間で済ませる必要があります。そんなときにはＪＡＬではオールコールと言って、手の空いている職員が内線電話で集められます。毛布をたたみ、シートポケットのゴミを取り除き、機内清掃が速やかになされる手伝いをする。共通の目標である「定時到着率」を達成するために、自分の仕事ではない業務でも協力を惜しみません。

手伝いが終わると、社員は各業務に戻ります。そこで活用されるのが「サンクスカード」です。感謝の念を伝え、お互いを讃え合う社内文化を醸成する機会となります。このカードは褒めたいときにすぐに渡せるように携帯できる名刺大のサイズで全社員に配布されています。

感謝の手紙やサンクスカードは社員同士が褒めあう風土を形成する手法として取り入れられています。それらはもらうととても嬉しいものです。そしてその手紙やカードを送るほうも感謝を感じることができるため、幸福度が高まる効果があります。

人を励ます言葉が「難しいかもしれないけれど、やればできる」という自己効力感につながる効果があることはあまり知られていません。その言葉が普段から目につくデスクなどで飾られている場合は、それを目にするたびに「よし、がんばろう！」という気になるものです。また、励ましの言葉は、それが本物である限り再現性もあります。

私は自分を励ましてくれる人の存在は非常に貴重だと感じます。そのような人がいることは、とても恵まれていると思います。家族だけでなく職場に自分を励ます人がいることは、仕事のやりがいにもつながります。自分にはかけがいのない大切な人であると認知して、その人との関係性を維持するべきでしょう。

不安や怖れに気づいたら、ムードを変える

自己効力感を高めるための最後の方法が、「ムードを変化させポジティブな気分にすること」です。生理的・情緒的高揚とも言われるように、体の感覚でその変化を察知することができます。

自分が自信のないときには不安や怖れの感情が出現してくるものです。たとえば一般的な恐怖症として人々を悩ませるものなかに、高所や暗所、クモやヘビなどがあげられます。それと同じように恐怖症の上位には「人前で話すこと」があります。私たちは公の席で話をするときは、胸がドキドキして気持ちもあせってしまうものです。その状態を英語では「胃のなかで蝶がはためいている」といいます。うまい言い方をするものですね。

手のひらは汗でびっしょりになり、心臓の動悸が高まり、のどが渇いてくる。これらはすべて怖れの感情の結果、体に出た生理的変化のサインなのですが、それらを気にしすぎると、ますます怖れが高まるといった悪循環になってしまいます。

このようなネガティブ感情が現れて「今まではできたけれど、今度はうまくいかないかもしれない」と悲観的な思考にスイッチが入る前に、ムードを変えて高揚感を生み出すことが効果的です。決して胸のドキドキを抑えようとして無理をしたりしてはいけません。ネガティブな感情は抑圧すると、逆に強化されてしまいます。

高揚感を生み出すといっても、お酒に頼ることは逆効果だと言われています。それ以外のアイデア、たとえば自分の気持ちが高まるような行為が適切でしょう。何が皆さんの気分をポジティブに変えるのでしょうか。いくつかの例をあげてみます。

祝福をするというアイデアがあります。たとえば何かの目標が達成できたときに、チームでお祝いをする。ある会社では、その事業部が無理だと思われた高い目標を成し遂げることができたときに、海外旅行を実行して大いに盛り上がったということでした。お祝いのギフトも有効でしょう。

好きな音楽を活用する人もいます。私が親しいポジティブ心理学者のロバート・ビスワス＝ディーナー博士は、長い講義の前後には必ず静かな場所でひとりきりになり、iPodで音楽を聴く時間を確保しています。高揚感を高めて講義に臨み、講義の後にはストレスや疲労感を気晴らしするために音楽を聴く。誰にでもできる習慣です。

女性であれば、小さなご褒美を自分に与える、という手法があります。たとえば、好きな洋服を購入する。とくに自分のラッキーカラーがあれば、その服を着るだけで心理的な

いたのです。結果、お客様に販売されるビールは古いものになってしまう。「お宅のビールは古すぎる」とよく怒られたそうです。

それまでのアサヒビールでは、その得意先から上がる声に謙虚に耳を傾け、正直に対応することができていなかったようです。その企業体質を変えたのが樋口廣太郎さんでした。店頭で売られているアサヒビールは売れないものだから、ついつい長く置かれて古くなってしまう。おいしく飲めるのはせいぜい製造後三カ月までのもの。お客さんたちは古いビールを飲んでマズイと言う。ますます売れなくなる。悪循環が生まれていたのです。

ネガティブなサイクルを断ち切るために、樋口廣太郎さんは三カ月以上経っている古いビールを全部回収する意思決定を断行しました。ビール業界初の三カ月間売れなかったものは即回収という「損切り経営」でした。

「損切り」と言うと、社長の鶴の一声で簡単にできそうなものですが、アサヒビールの場合は「言うは易し、行うは難し」だったようです。古いビールの回収には五億円ほどの費用を見積もっていたとのことですが、実際には予想以上の在庫があり、倍以上の一二億円分のビールが戻ってきたのでした。さらにはビールにはアルコールが入っていることもあり、産業廃棄物となるため、総計として当時の会社の一年半分の利益を軽く吹っ飛ばすほどの経費がかかってしまったのでした。

それでも当初の意思決定を変えることなく会社としてやるべきことをやったところに樋

口廣太郎さんの社長としてのすごさがあります。そして「損切り」をした後に社員の自己効力感を高めるために、樋口廣太郎さんはアサヒビールの社内で行われていた毎月のビールデーで、ある仕掛けを行いました。

まず社員にはできたてのビールを飲んでもらいました。二杯目には店頭から回収した古いビールを配ったのです。すると「こんなまずいビール飲めるか。どこかで飲み直そう」という会話が聞こえてきました。

そこで樋口廣太郎さんはすかさず壇上に上がり社員に向かって話かけました。

「君たちが飲んだ二杯目のビールはまずいだろう。そのビールを今までお客さまに飲んでいただいていたんだ。これではお客さまに買っていただけるはずがない。こういう古いビールは処分しようじゃないか！」

声を張り上げる社長を前に、アサヒビールの社員のボルテージは一気に高まりました。

その後古いビールの処分が一段落すると「さあ、これで古いビールはなくなった。このことをお客さまにお伝えしろ！」という号令が社長からかけられ、営業社員も「もううちには古いビールはない。よし、頑張ろう！」とムードが一変したのでした。

得意先に「うちのビールは新しいビールばかりです」と胸を張っていえるようになり、アサヒビールの商品を販売することに関しての効力感が高まったのでした。

まとめ

第三の技術　「やればできる！」という自己効力感を身につける

Self Efficacy

ある目標や行動に対して「自分ならやればできる！」と感じる度合いである「自己効力感」は、困難から立ち直ろうとするときに必要である。自己効力感は、

①実際に行い成功体験を持つこと（直接的達成体験）→「実体験」

②うまくいっている他人の行動を観察すること（代理体験）→「お手本」

③他者からの説得的な暗示を受けること（言語的説得）→「励まし」

④高揚感を体験すること（生理的・情動的喚起）→「ムード」

によって形成される。

第四章

第四の技術　自分の「強み」を活かす

Play for Your Strengths

すべての人に「強み」はある！

前章で解説した自己効力感とともに再起するための筋力「レジリエンス・マッスル」のひとつとされているのが「強みを活かすこと」です。失敗に負けて新しい挑戦を回避してチャレンジできないでいる人と、失敗にめげることなく自分が目指しているゴールに粛々《しゅくしゅく》と歩み続けることができる人との違いのひとつに、本人が自分の強みを把握してそれを活かしているかがあげられます。つまり、レジリエンスのある人は

◆自分の強みは何かを把握している
◆自分の強みを平時から磨いている
◆自分の強みを有事に活かすことができる

という点に特徴があるのです。強みにフォーカスした働き方をしているとも言えます。
その一方でレジリエンスの弱い人、失敗にすぐに負けてあきらめてしまう人の特徴は、

◆自分の強みが何かを知らない
◆自分の強みを磨く時間がない
◆自分の強みをいざというときに活かすことができない

と考えられます。皆さんはどうでしょうか。自分の強みは何ですか。上位の強み三つを説明することができますか。

私がこれまでレジリエンスを教えてきたビジネスマンのなかには「自分には強みと言えるようなものはない」と言う人がいました。ただ、強みを把握する演習を行うと、自分に隠されていた強みを嬉々として発見します。

断言します。すべての人に強みはあります。「自分には強みと言えるようなものはない」と言っている人は、強みがないのではなく、自分の強みをまだ理解していないだけです。

レジリエンスのある人は自分の強みを把握しています。しかし逆境に弱い人は自分の強みがないと思いこみ、自分の弱みに気をとられた働き方をしてしまっています。

自分のなかにすでに強みという「宝物」があるのですが、それに気づかずに過ごしている。それればかりか「自分は恵まれていない」と犠牲者意識を持つこともある。

実際に私たちは自分を象徴づける強みを見いだしたときに、純粋な喜びを感じます。強みを知ることなく一生を終えてしまう人は、宝の持ち腐れとなり、ある意味で不幸です。

仕事で成功したいなら「強み」を活かせ！

経営学者のピーター・ドラッカーは強みに関しての名言を残しています。

『何事かを成し遂げられるのは、強みによってである。弱みによって何かを行うことはできない』

仕事の成果は、自分に与えられた強みを最大限に活かすことでもたらされます。自分の強みを活かすことが、仕事で意味のある違いを生む秘訣なのです。強みによって私たちはより生産的になり、より仕事で満足することができ、より人生や仕事の意義に対しての達成感を持つことが可能となります。

レジリエンス研究の大きな〝傘〟であるポジティブ心理学では、強みの科学的な研究が行われてきました。その結果、人の強みに関してさまざまなことがわかってきました。

◆自分の強みを活かしている人は仕事の能力や仕事への充実度、目標達成度が高い

◆強みを頻繁に使うことで、自尊心が上向く

◆強みに焦点を当てるマネージャーは、部下の働く意欲を格段に引き出す

◆強みを活かすことで活力が生まれ、ストレスを感じにくくなり、気持ちが落ち込んだときの回復力（レジリエンス）も早い

ドラッカーが言うように、世の中でトップクラスの仕事をしている人は、自分に与えられた強みをよく理解しています。

そしてそれらを伸ばすことに努力を払い、自分の強みを活かす仕事や役割を見つけることに非常に熱心です。自分の働き方とそのキャリア自体が強みをベースに形成されているのです。

自分の強みを三つ見いだせ！

強みとは心理学的に「本質的で自分に活力を与え、最高の実力と成功へと導く、内に存在する資質」と定義づけられます。企業における強み開発研修で著名な米・ギャラップ社では「強みとは、ほぼ完璧なパフォーマンスを一貫して出し続けることのできる能力である」と考えられています。

その強みを見いだすには、私たちが普段の仕事のなかで最も自然に考え、感じとり、行為するそのやり方を理解する必要があります。自分らしい自然な思考・感情・行動のなかに本人の真の可能性が秘められているとされているのです。

実際に本物の強みを使ったときは「ああ、これこそが本当の自分だ」と思わせる何かがあるものです。自分をわくわくさせ、熱意と元気を湧かせてくれる。もう一度その強みを発揮したくなる望みを感じさせるものです。

部下の強みを見いだし、仕事において活用してくれるコーチングスキルを持った上司に恵まれた人は幸せです。「強み」コーチングを心がける人は、部下のやる気と貢献意欲を格段にアップさせることが調査の結果でもわかっています。

その上司は部下の可能性を信じています。「君だけが持っている強みを仕事で活かすだけでいい。君にはその強みが誰にでもある当たり前のものだと感じているかもしれない。

でもそれは君に与えられた素晴らしいギフトだ。その才能を少しだけでも活用すれば、驚くほどの成果を生み出すことができる。だから自分の強みに焦点を合わせた仕事をしてほしい」と熱心に指導するでしょう。そんな上司であれば、働いてみたいと思いませんか。

私が勤務していたP&Gでは、最先端の人材育成の手法を他社に先駆けて導入するイノベーティブな面もありました。人材育成の核となっていたのは年に一回行われるW&DPと呼ばれる査定です。査定といっても上司から部下への一方通行のコミュニケーションではなく、双方向型の密なプロセスです。

P&Gでは人事評価や人材育成の責任は各本部にあったので、人事がそのプロセスに入ることはありませんでした。私の場合は自分が属したマーケティング本部内で査定におけるすべてのプロセスが完結していました。

この査定は、部下が過去一年間で達成した業績を認め、次の一年に本人の成長にとって何が大切かを話し合う貴重な場です。部下の業務関係者に三六〇度フィードバックをお願いし参考データとするものの、そのフィードバックを鵜呑《うの》みにするのではなく、本人の意見も充分に聞き入れます。部下の能力を評価することに終始するのではなく、どうすれば伸びるのかという潜在的なポテンシャルに注目します。

ある時期にその査定手法に大きな変化が見られました。それまでは本人の過去一年間の活動をもとに、その人の持つ「強み」と「改善点」を二つずつ文章にして明確にしていたのですが、新しい方法では「改善点」の欄が消えてなくなっていたのです。その代わりに「強み」が三つに増えていました。

「部下の弱みを知らなくてもいいのか」「何が足りないのかをしっかりと理解させることが重要ではないか」「短所を無視して何もしないでいたら、大きな失敗やミスにつながるのでは」と上司側からの意見がありましたが、思いきって「強みフォーカス」に舵が切られました。

その背景には、当時のCEOだったA・G・ラフリーがピーター・ドラッカーに直接コンサルティングを受けていたこともあるのではないかと思われます。

この人事評価の変革は部下にとっても大変でした。自分の弱みを伝えるのは簡単です。足りない点は自分が一番実感しているからです。しかし「あなたの強みを少なくとも三つあげなさい」と言われても、なかなか考えが出てこないものです。

しかし現在のP&G社員は自分の三つの強みをすらすらと言えるようになっていると思います。そして強みをさらに磨けるような職務を担当することで、本人の成長を加速しています。とくに「トップタレント」と呼ばれる上位の優秀な社員となれば、なおさらです。

P&Gが「人材輩出工場」と呼ばれるようになった背景には、このような「社員の強みを把握し育てる」、人の育て方にもあったとも考えられます。

自分の「強み」を研究・開発する

英国出身の教育学者ケン・ロビンソンはTED（大規模な世界的講演会を主催するグループ）で講演動画が二〇〇〇万回を超えるほどの再生回数を誇る人気講演者として有名です。「先進国の教育が、子どもたちが持つ創造力などの才能をいかに失わせているか」といった批判的なメッセージを、ユーモアたっぷりに演説をする、その卓越したトークは私も大好きです。そのケン・ロビンソンは人が持つ才能を「エレメント」と称し、こう伝えています。

「ほとんどの人は、自分にどんな才能があるのかさえ知らない」

近著『才能を磨く』（大和書房）でも自分の素質の見いだし方と活かし方が詳しく書かれていますが、これはポジティブ心理学の「強みの科学」とも一致する考え方です。

「自分にどんな才能があるのかを知らない」ことは、子どもたちにかかわる問題だけではありません。私たち大人にも共通する問題です。

他人の長所や短所はよく見えるのですが、自分のことについてはよくわかっていない。自分の強みを把握していない人は、他人の強みも見いだすことができません。強みに焦点をあてるマインドセットがなく、強みを的確に表現するボキャブラリーに欠けているからです。だから自分の子どもたちにも、後輩や部下たちにも「あなたはこんな点が強いね、それをもっと伸ばそう」といった強み志向のアプローチで接することができません。

強み志向のアプローチは、まずは自分の強みを把握できるようになることから始まります。次にその強みを仕事で活かすことで働き方を変える段階に移ります。

まずは自己の強みを把握し、それを活用すること、それは自分自身の本質を研究し資質を開発する「自己の研究開発」でもあります。その結果、逆境を乗り越えるための「レジリエンス・マッスル」が鍛えられるのです。

ではどうすれば自分の本質的な強みを発見できるのでしょうか。おもに二種類の方法があります。ひとつが強み診断ツールを使って自分自身で強みを把握すること。もうひとつが、信頼できる人から「強みコーチング」を受けることです。

「強み」を測定可能にする三大ツール

心理学者が開発した代表的な「強み診断ツール」は三つあります。それは「VIA-IS」「ストレングス・ファインダー」「Realise 2」です。それぞれについて、その特徴と使い方を説明します。どれも三〇分もあれば質問に答えて結果がオンラインで測定できます。

「VIA-IS」はポジティブ心理学の創始者のひとり、クリストファー・ピーターソン博士らによって開発されました。その研究にはマーティン・セリグマン博士もかかわっています。

ピーターソン博士は「全米を代表する心理学者一〇〇人」に選出されたほどの著名な心理学者です。私が最も尊敬するポジティブ心理学者でもあります。

そのピーターソン博士が五〇歳を迎え、新しい研究を模索していたときに、たまたまセリグマン博士から共同研究の依頼がありました。現代を代表する二人の心理学者はそれまでも数々の共同研究を行ってきました。セリグマン博士の主要研究には必ずピーターソン博士の協力があったと思われます。このときもピーターソン博士はセリグマン博士の依頼を快諾し、自身のサバティカル休暇を利用して三年間ミシガン大学を休職し、ペンシルベニア大学の研究室に所属して研究を始めたのでした。

研究はもともと青少年の徳性を科学的に分類し測定することが目的でした。しかし調査が進むなかで「子どもたちだけに使うのはもったいない。大人でも使用可能ではないか」と当初の構想から拡大し、すべての世代に用いられる強みの研究がなされたのでした。

この研究では汎用性と普遍性が重視されました。ピーターソン博士と一流の学者で構成されたチームは、古くは西洋のアリストテレスやプラトン、東洋の仏陀や孔子などの思想、さらにはユダヤ教、キリスト教、イスラム教などの宗教、そして過去現代における哲学まであらゆる関連領域を調べ、数千冊に及ぶ書物を輪読することで、人類が持つ普遍的な美徳と徳性を導きだしたのです。それは以下の六つの美徳でした。

◆満たされた良い生き方をするために知識・情報を得て利用する「知恵」

◆内外の反対に遭いながらも目標を達成する意志の強い「勇気」
◆他者との思いやりのある関係を築く「人間性」
◆個人と社会の間の最適な相互作用である「正義」
◆行き過ぎた行為から防御する「節制」
◆強みを通して個人がより大きな宇宙とのつながりを形成する「超越性」

しかしこれらの美徳は抽象的で、活用するにはもうひと工夫必要だと感じられました。そこでそれぞれの美徳に属する具体的な二四種類の「人格としての強み」が見いだされたのです。それらの強みを活用すればするほど上位にあたる美徳が磨かれる道徳的な強みです。美徳が体現された人は、有意義で充実した価値ある働き方・生き方を送ることができ、より優れた人格に成長することにもつながると考えられました。

たとえば六つの美徳の一つに「正義」があります。正義という概念は、ハーバード大学のマイケル・サンデル教授の講義がNHKで放映され、書籍ともなり話題になりました。このやや曖昧な正義という美徳を道徳的に発揮するには、正義に属する「人格としての強み」を活用することが考えられます。それは「公平さ」「チームワーク」「リーダーシップ」であるとこの研究では考えられています。

つまり、皆と平等に接し自分の個人的な感情や偏見によって判断しない「公平さ」や、忠誠心を持ったグループの一員としてチームの成功のために懸命に働く「チームワーク」、他の人たちに影響を与え支援しながら、その集団活動を成功へと導き動機づける「リーダーシップ」という強みを頻繁に使えば「正義」という美徳を体現できるというわけです。

この研究で見いだされた二四の強みを測定可能にしたのが「VIA-IS」と呼ばれる自己診断ツールです。さまざまな実証研究がなされており、エビデンスも豊富です。この無料診断ツールは、その著作権を持つメイヤーソン財団のサイトから使用することができます（詳しくはこちらを参照してください〈www.positivepsych.jp/via.html〉）。

二つ目の「ストレングス・ファインダー」は、米・ギャラップ社の元CEOで心理学者のドン・クリフトンによって開発された、世界のビジネスマンに最も使われている強み診断ツールです。「VIA-IS」と異なり有料ではありますが、ギャロップ社のホームページ（www.gallupstrengthscenter.com/Purchase）から、約一〇ドルで購入するか、ベストセラーである『さあ、才能（じぶん）に目覚めよう』（日本経済新聞社）を購入すれば、その巻末にツールをオンラインで利用できるパスワードが袋とじされています。

「ストレングス・ファインダー」は、おもにビジネスシーンで活躍する卓越性を持った人々に調査をすることで見いだされた三四の才能に関するテーマで構成されています。全部で一七七の質問項目に答えることで、本人が持つ才能テーマが順序別に分析され、レポート形式で表示されます。その才能テーマを活かすことで、それが強みとなるわけです。

二〇〇一年に『さあ、才能（じぶん）に目覚めよう』の原書が刊行されて世界的に知ら

■ VIA-ISにおける美徳と人格としての強みとは？

知恵	勇気	人間性
・創造性 ・好奇心 ・向学心 ・開かれた心 ・大局観	・誠実さ ・勇敢さ ・忍耐力 ・熱意	・親切心 ・愛情 ・社会的知能

正義	節制	超越性
・公平さ ・リーダーシップ ・チームワーク	・寛容さ・慈悲深さ ・慎み深さ・謙虚さ ・思慮深さ ・自己調整	・審美眼 ・感謝 ・希望 ・ユーモア ・スピリチュアリティ

参考：Peterson, Christopher, and Martin EP Seligman.
Character strengths and virtues : A handbook and classification. Oxford University Press, 2004.

れるようになったこの診断ツールは、現在累計で一〇〇〇万人に近い人々に使用されており、その数は無料の「VIA-IS」を上回っているほどです。

第三の「強み診断ツール」は英国のポジティブ心理学者であるアレックス・リンレイ博士らにより開発された「Realise 2」です。「VIA-IS」や「ストレングス・ファインダー」よりも歴史が浅く、金額も高価なため、利用者の数も限られているのですが、自分の強みだけでなく弱みも多角的に分析・理解できるのがその特徴です。

私の知人でセリグマン博士が開講したペンシルベニア大学大学院のMAPP（応用ポジティブ心理学修士課程）の栄えある第一期修了生の神谷雪江さんが日本語訳を担当しているため、わかりやすい質問項目内容となっています。私もよく知るポジティブ心理学者のロバート・ビスワス＝ディーナー博士もこの開発に関わっていますが、「広く深く強みを把握できる点が優れており、とくにコーチングに向いている」と話していました。

私はこれら三種類の「強み診断ツール」を試して、それぞれに気づきがありました。「VIA-IS」は人生を幸せに生きていく上で必要な強みを、「ストレングス・ファインダー」は仕事においての強みを、そして「Realise 2」はより包括的な強みの理解をするのに役立ちました。

私の個人的なおすすめは「VIA-IS」です。

他の二つの有料ツールと異なり、無料である点が大きな理由ですが、あげられた強みに偏りがなく普遍的なため、診断された強みが、ストンと腹落ちしやすかったこともありました。さらに用語がわかりやすく、子どもたちからシニア社員研修での六〇代の従業員にまで、幅広く使える汎用性も気に入っています。

自分の強みを見いだすコーチング

自分に隠された強みを発見するための二つ目の方法が「強みコーチング」です。できれば信頼できる誰かにコーチングしてもらうのが理想です。人から出された質問を耳にすると、自分の思考が働き、普段は考えていないような答えを返す対話の作用が働くからです。自分でコーチングを行うセルフ・コーチングという手法もありますが、私はやはり他者からコーチングを受けることにこだわります。なぜなら、自分にとっての強みはあまりにも当たり前であるため、自分だけでは特別なものとは考えにくいからです。

たとえば私を特徴づける強みのひとつに「好奇心」があります。私にとっては好奇心を発揮して本を読んだり人と接したりすることは自然な行いなので、自分以外の人にとっても同じ行動を楽しむことは当たり前だろう、と勘違いしてしまうのです。

私たちは自分が持つ「宝物」についてはよく見えていません。自分ひとりでは限界があります。私が教えるレジリエンス・トレーニングでも、受講生同士ペアになってもらい、自社開発のツールを使用して「強みコーチング」を実施し、互いの強みを把握してもらう演習を行います。すると参加者の目が輝き、活気が出てきます。人は自分の強みについて教えられると、幸せに感じるからです。

強みコーチングをするには、信頼できる相手を選ぶことが重要であると述べました。その理由は、コーチをする側のマインドセットが「弱みフォーカス」で「欠乏型志向」であった場合、コーチングをされる際にネガティブな影響を与えるリスクがあるからです。

どういうことかと言うと、私たちの多くは人の短所や弱みに注目するマインドセットが身についています。「弱みは正さないといけない」「弱点はすぐにでも直さないと問題だ」という脅迫観念のようなものが脳裏に刷り込まれているようです。「相手の強みを見いだそう」と強みコーチングを試みても、つい弱点に目が行き、「足りない点を指摘することがこの人の成長につながる」と考え、アドバイスをしてしまうのです。

プロのコーチや教師でも同様のことが起きます。「強みフォーカス」「繁栄型志向」のマインドセットを有していないからです。

弱みではなく強みに焦点をあてることが、その人の最高のポテンシャルを発揮させる近道です。このことを深く理解し、正しいマインドセットを持った人に「強みコーチング」をしてもらうと、即効性が期待できます。しかもそれは自分に隠されていた潜在的な可能性が解き明かされていく喜びと驚きに満ちた体験でもあります。

「強みコーチング」をするにあたっては、まずは研究に基づいた「強みの五原則」を理解することが大切です。

①すべての人に強みはある
②強みにフォーカスすることが成果をあげる秘訣である
③私たちの最大の可能性は強みにある
④自分の強みを自分ができる小さなことに活かすことが、大きな違いにつながる
⑤成功の多くは強みが最大活用された結果である

そして強みコーチングでは、おもに以下の五つの質問をします。

□最も大きな達成・成功は何か？
□自分に関して最も好きな点は何か？
□何をしているときに最も楽しく感じるか？
□どんなときに自分らしく感じるか？
□自分がベストで最高のときはどんなときか？

相手からの即答を期待してはいけません。一般の人は自分の強みに関してじっくりと考える機会があまりなかったからです。つまり「強みを把握し活用する」という「レジリエンス・マッスル」が脆弱な人は意外に多いのです。

ただ、繰り返し言うように、すべての人に強みは存在します。過去に活用されたこともあり、自分ではあって当然だと考えていた資質を「見える化」する。それを強みという定がでさます。

義に当てはめる。すると自分はさまざまな素晴らしい資質に恵まれていたと実感することができます。

弱みはあくまで弱み。克服しても「平均」にしかなれない

強みを把握したら、次は強みを新しい仕事などに活用します。強みは把握するだけでは充分ではありません。たしかに自分を特徴づけるような強みを見いだしたときは幸せに感じるものですが、その効果は一時的にすぎません。新しい用途に自分の強みを活用してこそ、真の充実が生まれてきます。

ただ、私たちの多くは強みを活用することよりも、弱みを克服することに時間や労力を使ってしまうのではないでしょうか。自分のことだけではありません。自分が育成責任を持つ子どもや部下・後輩に対しても同じです。

弱点を克服することには、達成感があります。満足感にもつながります。弱点を克服する手助けをすることにはやりがいを感じます。しかし弱みを克服するには、大変なエネルギーと時間が必要です。しかもそれが成功する確率は決して高くはありません。さらに、精一杯努力して弱みを改善したとしても、せいぜい平均レベルに到達するのが関の山ではないでしょうか。弱点が強みへと変わることは稀です。

私は、ビジネス社会は「平均的な能力」を求めていないと考えています。平均的な能力を持つ人に、社会は高い価値を置いていません。そのような人はたくさん存在し代替も可能だからです。

自分の強みを活かすことができる領域で仕事をしている人は、成果をあげることができるため、その成果に見合った対価が支払われます。周りからも認知され、褒められ、頼りにされ、仕事の依頼も増えるでしょう。強みを活かすことは喜びにつながり疲労もあまり感じないため、「こんな楽しいことをしていて、これほどの報酬をもらっていいのだろうか」とさえ感じるほどです。

その一方でビジネス社会は弱みを克服した人に何か報いてくれるわけではありません。弱みが顕在化して失敗やトラブルにつながることはあります。しかしその弱みを改善できたとしても、失敗を予防することができるだけで、成果にはつながりません。

私は「弱みを無視する」ことを推奨しているわけではありません。弱みに囚われてその改善ばかりに時間や労力・お金といった貴重なリソースを使うことを疑問視しているのです。あまり合理的で現実的ではない行為のように感じているのです。

2 弱みに効果的に対処する三つの方法

では自分の「弱み」に対してはどうすべきか。その対処方法には三つあります。

ひとつ目は必要最低限の時間を費やして、その弱みをなくす訓練をすること。それが自分の仕事の目的の達成に欠かせないものである場合、「最小限の努力でその弱みをなくすには何をすべきか」と自問してみましょう。そして速やかに実行する。注意すべきは、費やすべき時間と労力のバランスです。弱みを正すことには自分が持っているリソースを最低限費やし、強みを伸ばすことに最大限投資することが肝要なのです。

二つ目が「アウトソーシング」をすることです。つまり自分の不得手とすることを自分の代わりに行ってくれる人や会社に依頼することです。

私は会社を辞めて独立・起業した人を多く知っていますが、その人たちに特徴的なのが対外的なサービスを利用するお金を惜しんで、自前でやろうとする傾向があることです。たとえば会計サービスを利用せずに、会計ソフトを自分で購入して毎月の帳簿を自分で行う。または自社のホームページを外注せずに自作し、SEO対策まで自分で行おうとする。

自分が好きで得意とすることであれば別ですが、会社の経費を惜しむために自分の強みでないことに多くのエネルギーと時間を浪費していては、非効率的です。何のために独立したのか、わかりません。

それまで働いてきた会社には知名度や信頼性があったと思われますが、独立してからはゼロからすべてを築いていかなくてはなりません。そのときに活かせるのは自分の専門性であり強みであるはずです。それらを磨き、抜きん出たものにするには、労力と時間とお金といった有限のリソースを集中させることが成功への鍵となると考えます。

三つ目が、自分の弱みを補ってくれるパートナーと手を組むことです。これは偉業を成し遂げた経営者に共通する点です。日本でも海外でも大きな成功を収めた実業家は、自分とは専門や強みが異なる人物とパートナーを組んでいることが多いのです。

ソニーの井深大と盛田昭夫、ホンダの本田宗一郎と藤沢武夫など、理系と文系、技術者と経営者の組み合わせが典型的です。松下幸之助も松下電器が初期の頃は、自分が研究開発を、義弟で後にサンヨー電機を創業する井植歳男が営業をすることで役割分担していました。

米・シリコンバレーの新興企業に投資をするベンチャーキャピタルは、若く経験が浅い創業者を支援するために、そのパートナーとして熟練経営者を投入することが通例になっています。有名な事例は、初期のグーグルに投資をしたセコイア・キャピタルが連れてきたエリック・シュミットです。

共同創業者であるラリー・ペイジとセルゲイ・ブリンの経験不足を補い、グーグルの安定したスピード成長の礎となりました。エリック・シュミットは数年前に予定通りCEO

の職を退き、ラリー・ペイジにその座を引き継いで、一億ドルの報酬を受け取ったことで話題となりました。

自分の強みを活用できる働き方

「ストレングス・ファインダー」を開発した米・ギャラップ社は、世界中の数千の企業における調査により生産性の高い組織を見分ける一二の質問を見いだしました。そのなかで最も影響力のある問いが以下の質問です。

「仕事において、あなたは毎日自分にとって最善のことを行う機会がありますか」

この質問に「イエス」と答えた従業員は、米国で三二パーセントだったといいます。ところが日本企業ではその半分の一五パーセントに過ぎなかったのです。

これは上司の責任でもあります。「強みコーチング」を行い部下の強みにフォーカスする強み志向の上司の場合、約七割の部下がこの質問に「イエス」と答えていました。しかしながら、強みに関心がない上司の場合は、上記の質問に「イエス」と答えた部下がわずか一割しかいなかったのです。

自分の強みに関心のない人は、人の強みにも注目しません。自分の弱点が気になるばかりでなく、部下の短所も目についてしまうのです。これは組織や会社に対しても当てはまる志向性です。弱みフォーカスで欠乏型志向の社員は、自分の所属する部署や会社の足りない点ばかり目につき、他の会社と比較して劣っている点に注目します。

ところが自社の強みや卓越性は把握できていません。だからその強みを伸ばして成果をあげることもできない。このようなマインドセットを持ったリーダーに率いられた組織や会社は持続的に成長することが難しく、社員の満足度も低くなることが考えられます。

その一方で、社員の強みにフォーカスし、それを磨き続ける仕事や機会を提供する会社や上司に恵まれている人は幸せだと思います。そんな上司や会社に巡りあうことができたら、多少つらいことがあってもしがみついていくべきだと私は思います。それが自分の成長を加速する機会になるからです。

同時に、上司や会社に恵まれなかったとしても、活き活きと働いて充実したキャリアを送るために自己責任において自分の強みを把握し活用することを心がけるべきだと考えています。会社任せや他人任せにせずに、自立的に働き、丹念に自分の強みを磨く。まるで武士が修行を怠らず、自分の刀を磨き、有事の戦いに備えたように。

そして現在の仕事が自分の強みを活かす上でそぐわないと判断したならば、その強みを活用できる業界や職種をすぐにでも探すべきだと思います。または現在の仕事を自分の強みに合わせて新しく作り替えるべきです。そのような会社や仕事にしがみついていることは間違っています。幸せになれません。思いきった行動を起こすべきです。

自分を特徴づける強みを最大限に発揮できる土俵で戦うこと、これこそが長期的な成功の秘訣だと思います。そして自分に与えられた強みをフルに活用できる新しい仕事に挑戦する人には、必ず充実した未来が待ち受けていると私は信じています。

まとめ

第四の技術　自分の「強み」を活かす

Play for Your Strengths

自分ならではの強みを把握し、それを新しい仕事などに活かすことで、高い充実感が得られる。またそれらの強みは、逆境を乗り越えるためのレジリエンス・マッスルとなる。強みを自己認識するためのツールとしては

① VIA-IS

② ストレングス・ファインダー

③ Realize 2

がある。適切な訓練を受けた人に「強みコーチング」を受けるのは有効である。

第五章

第五の技術　こころの支えとなる「サポーター」をつくる

Social Support

困難を乗り越えなくてはいけない修羅場で必要になってくるのが、家族・友人・同僚などのサポートです。これは逆境を経験し、そこから再起して成長した人のほとんどが「自分ひとりの力では立ち直れなかった。助けられたことにとても感謝している」と回想していることからも、レジリエンスに欠かせないものであると考えられます。

この「ソーシャル・サポート」の形成を平時から意識して行うことによって、いざというとき、有事の事態に対処する「レジリエンス・マッスル」を鍛えることになります。

つらいときに自分を励まし、こころの支えとなる人の存在であるサポーターがいるのといないのとでは長期に渡り大きな違いをもたらすことが研究によってわかっています。

ハワイのカウアイ島での「高リスク家庭」調査

ハワイのカウアイ島で長期間のレジリエンス研究が行われていました。約七〇〇名の子どもたちを一歳の頃から二歳、一〇歳、一八歳、三二歳、四〇歳になるまで追跡調査が実施されていたのです。

これらの子どもたちを選択する際にある基準がありました。それは「高リスク家庭」に生まれた子どもであったことです。「高リスク家庭」とは、両親が死別したり父親と母親が離婚したりして、通常の家庭よりもストレスが多く、子どもに悪い影響を与えかねないとして行政からも注意が払われていた家庭のことです。その家庭で育った子どもには、発達障害や注意欠陥障害などのこころの病や、家出や非行などの問題が発生しやすいことが別の調査でわかっていました。

その子どもたちの家庭状況を変えることは容易にはできません。ストレス度の高い家庭に生まれてきた子どもたちが、何をすれば健常な大人として育つことが可能となるのか。その答えを求めてこの大規模な調査は行われていました。

分析をするなかである希望の光が見えてきました。調査した家庭のうち三分の一以上の家庭では子どもたちが健常者として育ったことがわかったのです。

同じような課題を持つ家庭環境でありながら、なぜこのような違いが生じたのでしょうか。この研究を指揮したエミィ・ワーナー博士は、三つの要因があったと考えました。

ひとつ目が「本人の考え方」です。恵まれない環境で健全に育った子どもの多くが「ポジティブな気質」を持つ幼児でした。楽観性があり希望に満ちていたのです。青年期には「問題は自分で克服可能」という信念を形成していたこともわかりました。気質は遺伝の影響もありますが、こころがけや習慣により前向きで建設的な気質を身につけることは可能です。その結果が現れたのでした。

二つ目が「家族との絆」でした。高リスク家庭に育った子どもたちは、母子家庭または父子家庭であったのですが、祖父母や叔父、叔母から面倒を見てもらう機会がありました。調査により、少なくともひとりの家族と強い絆を持ち、規律正しい生活を送っていた子どもは、レジリエンスが強くまっすぐに育ったことがわかっています。

三つ目が「地域からのサポート」でした。同じ街や村に住む先輩や同世代の友人から感情的なサポートを得る機会に恵まれた子どもがいました。とくに学校の恩師や教会の牧師がロールモデル（お手本）となり、ときに良き相談相手となり、その子どもの健全な発達に必要な支援を惜しみなく与えていたことがわかっています。

ワーナー博士は子どもへのインタビューを通してこう伝えています。

「レジリエンスの高い少年少女は、ネガティブな環境から発生する困難に受け身的に反応していないことを私たちは発見した。その代わりに、彼らは自分の人生をポジティブな転換へと導くために、積極的に他者への相談と機会を求めていた」

家族、または地域からソーシャル・サポートを受けて育った子どもたちは、家庭環境の逆境にめげることなく、心身ともに健全に成長することができたのでした。

沖縄の長寿村の長寿の秘訣

センテナリアンの研究はご存じですか。センテナリアンとは、一〇〇歳以上の長寿を誇る人々の共通項を探るための研究で、とくに世界でトップクラスの平均寿命を持つ日本においてもその研究は盛んです。

世界各地でセンテナリアンが多く住む地域を取材し、長生きの秘訣を解き明かした『ブルーゾーン 世界の100歳人（センテナリアン）に学ぶ健康と長寿のルール』（ダン・ビュイトナー著／ディスカヴァー・トゥエンティワン）によると、世界には四つの長寿村があるといいます。

コスタリカ・ニコヤ半島、イタリア・サルディーニャ島、米カリフォルニア州・ロマリンダ、そして沖縄県の大宜味村です。これらの村を調査した結果、一〇〇歳を超えてからも元気でいられる高齢者の秘訣には以下の九つのルールがあることがわかりました。

適度な運動を続ける、腹八分で摂取カロリーを抑える、植物性食品を食べる、適度に赤ワインを飲む、はっきりとした目的意識を持つ、人生をスローダウンする、信仰心を持つ、家族を最優先にする、人とつながる、という九つです。

このなかで私が注目するのは、最後の二つ「家族を最優先にする」と「人とつながる」です。家族や地域の人々との絆を大切にしていることが長生きにつながったというのです。

一〇〇年間も生き長らえる年月には、さまざまなつらい出来事があったと想像されます。それらを乗り越えて現在元気に健やかに暮らすセンテナリアンのおじいさんやおばあさんには、レジリエンスが養われているとも考えられます。日本随一の長寿村として知られる沖縄県の大宜味村には「一番元気なおばあちゃん」といわれるウシさんがいます。ポジティブ心理学をテーマにした話題のドキュメンタリー映画『Happy』にも出演した有名人です。

ウシさんが一〇五歳のときに受けた取材の内容をご紹介します。

『ウシさんは今も毎晩アルコール度数三〇度の地酒をのみほし、娘たちの手拍子のなか、喜んで踊りを披露してくれる。その元気な長寿の秘訣を探ろうと、国内だけではなく海外からも、大勢の人がウシさんのもとを訪れるという。

娘の菊江さん（七九）は「母は来客に元気をあげるのが大好きで、来てくださった方たちも、おばあちゃんから元気をもらいに来ましたって言うんです」と語る。

大宜味村は、一九八七年に健康な高齢者の割合が日本で最も高い地域として「長寿の村日本一」を宣言。さらに世界保健機関（WHO）は一九九六年、同村を「世界一の長寿地域」として認定した。世界最高齢者の皆川ヨネさん（一一四歳）もいる。「最長寿村」だが、長期入院している高齢者は一人もいない。

ウシさんは「生まれてから一度も病院に行ったことはありません。でもお医者様からは、おしゃべりするだけでもいいから、病院へいらっしゃい、と言われます」と語った。

「恋多き女」を自認するウシさんは、現在もボーイフレンドを募集中だという。「だからいつも、顔にお粉をはたいて髪に油を塗り、フランス人からもらった香水をふりかけているんですよ」と、ウシさんは手を叩いて笑いながら話した』（二〇〇七年、AFP/Mie KOHIYAMA）

この非常にポジティブなウシさんをはじめ大宜味村の高齢者は、地域の友人や家族とのつながりが密接である点に特徴があります。

自分が「いざ」というときに相談することができ、心の支えとなってくれる頼りになる存在は、レジリエンス・マッスルを形成してくれます。

幸せの原動力「親密性」と不幸を招く「孤立感」

人と人との「親密性」は私たちの幸せの原動力ともなります。それは人生を豊かにする秘訣でもあります。ポジティブ心理学者のクリストファー・ピーターソン博士は、あるインタビューで「ポジティブ心理学のエッセンスをひと言で語ると何か」という問いに対してこのような名言を語っています。

Other people matter.

他者が重要である。これは非常にシンプルな答えですが、「幸福感にとっては他者の存在が重要である」ということは科学的に検証された真実です。

私はポジティブ心理学の知見は「おばあちゃんの知恵」に似ているとよく受講生に話します。ポジティブ心理学の科学的な研究によって判明した結論は、決して目新しいものでないことが多い。しかし、当たり前に思えることを実際にやっている人は少ないのです。

そこで、おばあちゃんが孫に語るような生き方の知恵を再現性の高い科学とすることで、ポジティブ心理学は人々に確信性を与え、新たな習慣とする動機づけとなっているのです。人との親密な関係こそが、人生の満足感や幸福感の源泉となる。これも昔から語り継がれてきた知恵ですね。

ある調査によると、恋人や家族と親密な関係のある学生は、高成績で学校生活の充実度も高いことがわかっています。人との強いつながりを有する人は、病気からの回復も早く、長生きさえもする。ある調査では、家族や近隣と良い関係を保ちサポートされることで、孤独な環境に住む人よりも平均七年も長生きすることがわかりました。

結婚も親密性を高い関係性をつくる方法のひとつです。日本を含む先進国では晩婚化が進んでいます。その背景には「結婚をしなくても独りで楽しい人生を送ることができる」という「独身貴族」的な考えがあるのかもしれません。

ところが調査によると既婚者は独身者よりも人生の満足感が高く、心身ともに健康であることがわかっています。とくに結婚をしている男性は、独身男性よりも平均的に長生きです（ただし女性については既婚と寿命の相関関係は見られません。女性は男性と違って生涯に渡り親密性の高い女友達をつくることに長けているからです）。

結婚においても親密性が鍵となります。最近では家庭内別居をする夫婦が増えていますが、この場合は結婚をしていても親密性がないため、幸福度が低めになるリスクがあります。興味深いのが、国別の幸福度ランキングで常に上位にランクインするデンマークが、離婚率が高い国でもあることとです。社会保障が進んでいるため、母子家庭になったとしても生活や育児に困ることが少ないと考えられますが、日本人と違い個人主義に重きを置く国民ですので、家庭内別居をするくらいであれば、個人の幸せを優先させた離婚という選択をとるのかもしれません。

現代日本では「ひとり暮らし社会」が問題となっています。ひとり暮らしをするお年寄りが増えており、とくに男性は孤立感を感じて生活しています。孤立感は幸福度と逆相関の関係にあります。つまり、人は孤独を感じるほど幸福度が下がる傾向にあるのです。

会社においても親密性は重要です。先に述べた米・ギャラップ社が世界中の一万人以上のビジネスマンを調査した生産性の高い組織を見分ける一二の質問には「職場に親友と呼べる人がいる」が含まれています。相談ごとのできる親密な関係にある同僚がいるかどうかによって、働くモチベーションが左右されるのです。

同期の存在は自分の貴重なサポーターである

社内の気のおけない同僚というと、やはり同じ年に入社した同期の存在が無視できません。冗談を言い合って気晴らしをしたり、昔話をしてなつかしい気分にふけったりすることができるのは同期しかいません。学生時代の同級生とは少し違った特別な関係性です。

仲の良い同期は質の高いソーシャル・サポートとなります。

しかし近頃は新卒採用枠が縮小されているため、昔と比べて同期と呼べる人の数が減少している傾向が見られます。また現在企業で働く社員の約三分の一を占める派遣社員やパート社員は、同期という考え自体がありません。今後の企業において、同期はますます希少でかつ貴重な存在と言えるかもしれません。

私が同期のありがたさを思い知ったのは、海外勤務をしたときのことでした。海外での仕事は予想外のトラブルが相次ぎ、とくに始めの半年間はストレスが溜まるものです。家族も慣れない海外生活のため緊張し、自宅に帰っても落ち着くことができない日々が続きます。私もそうでした。

こんなときに同期が近くにいれば、愚痴のひとつでも聞いてもらい、何かの相談にのってくれたのに、と感じていました。もちろん海外のオフィスには同期社員はいません。新しい職場の同僚とも仲の良い関係は築いていたのですが、日本語が通ずる同期とは根本的に何かが違うものです。

あなたを支えてくれる人はそばにいる

私が海外でこころが折れそうになったときに、自分を助けてくれたのは家族でした。

ある晩子どもたちが寝静まった後、妻に「大事な話がある」とダイニングルームに呼ばれました。正面に座った妻は意外なことを話しはじめます。

「ねえ、あの子（息子のこと）が食事をしているときに、あなたの目を見て話さなくなっていることに気づいていた？」

「目を見ない？」。私は息子が自分の目を見て話さなくなったことにまったく気づいていませんでした。家族と夕食をとっている間も会社の問題や将来の不安が頭のなかをぐるぐるまわり続けて、ネガティブ感情の悪循環が続いていたからです。

そして息子はそんな私に話しかけては、私の目がどこかぼーっとしていて、まるで幽霊のように感じ、私の目を見て話をすることを怖がっていたのでした。さらに休日には、忙しそうな私を息子は気遣って、子供部屋で本を読むなどして、できるだけ私をひとりにするようにしていたと言うのです。私と一緒に遊ぶのを我慢して……。

私はショックでした。ネガティブな考えにいつも囚われているあまり、息子と一緒にいるときも自分の気持ちが彼に向いていないことを見透かされていたのでした。自分のこころが「今ここにあらず」の状態だったことが悟られていたのです。

「人の一生にはその後の人生を決める真実の瞬間が数回ある」と何かの本で読んだことがあります。「真実の瞬間なんて大げさな」と思ったものですが、妻から息子の話を聞いたそのときが、私にとっての真実の瞬間だったように感じます。自分が変わらなくては、と危機感を感じた瞬間だったからです。

当時の私は自分が不幸でいることに慣れ、不幸であることをむしろ楽に感じていたのでしょう。「幸せになろうとがんばっても、結局うまくいかずに不快な思いをするだけだ。それならば、このまま無理をせずに不幸なままでいるほうが楽だろう」と考えていました。

しかしそれは不安の感情から生まれる回避行為でした。ネガティブな感情の悪循環から抜け出せないでいたのです。「不幸でもいいじゃないか、そのほうが楽だよ」というこころのなかの悪魔のささやきに誘惑されてしまったのでした。レジリエンスのない弱いこころは、誘惑に負けてしまうことがあります。

ところが息子の話を妻から聞いたときに、私は目が覚まされたような気がしました。息子に「パパ変だよ」と忠告されたとき、「状況が変わるのを待っていられない。運に頼ってばかりいられない。自分で何とかしてこの人生の谷から脱出しなくては」と考え方が変化したのでした。

自分のこころの苦しみは自分自身で生み出したものだ。不安の原因は自分にある。不幸の責任は自分にある。「人のせいでも環境のせいでもない、問題の原因は自分の内面にある」と初めて自分の問題の責任を受け止めたのでした。それまで周りのせいにして外側に向けていた指を、一八〇度向きを変えて初めて自分のほうに向けたのです。

「何とかして変わらなくてはいけない」という強い意志が芽生えた瞬間でした。同時に自分ひとりの力ではこの苦境を打破することができないことにも気づきました。

それまでの私は傲慢で「自分でこの問題は解決できるはずだ。今までもそうしてきた。誰かに頼る必要はない」と考えていました。実際に自分が強かったわけではありません。「誰かに頼ることで、自分で自分の問題も解決できないと思われたくない」という劣等感が、自分をひとりよがりにさせていたのです。「何としてでも今のこのネガティブな感情の悪循環から脱出しなくては」という強い意志が、私を謙虚にさせました。人は傲慢だと何も学べません。しかし謙虚なこころを持つ人は多くを学べます。

家族に叱咤されて謙虚な態度に変わった私は、目の前にいる妻に素直に悩みを相談できるようになっていました。妻は過去に同じ会社で働いていたこともあり、親身になって話を聞いてくれました。私が再起できたのは、その日がきっかけとなりました。

人と対話することで得られる「癒し」

信頼できる人と困難な体験を共有することは、ネガティブ感情を和らげるヒーリング効果があることがわかっています。ポジティブ感情の研究で有名なフレッド・ブライアント博士は、その理由を「対話の行為自体が人にとって喜びであり楽しい体験であるからではないか」と考えました。喜びや楽しさから生まれるポジティブな感情がネガティブな感情を相殺する効果があるからです。

人は仲の良い人といるときには笑顔でいることが多いのも事実です。ある調査によると、人は他人といたときのほうが、ひとりでいるときよりも約三〇倍多く笑うといいます。誰かと時間を共有しているときは、自然に「遊び心」が生まれ、愉快という感情が創造性と喜びを喚起するメカニズムが作動するからです。

またつらい体験をした人が信用のおける家族や親友、カウンセラーやセラピストと対話をすると、話をしている当人が相手に理解してもらおうとして注意が自分ではなく相手に向かうことがあります。すると自己のエゴへの認識が下がるのです。

うつ病などこころの悩みを持つ人は、自分のことばかり心配していることが多いものです。人にどう見られるか、悪く評価されていないか、比較批判をされやしないかを心配する傾向があります。ある意味で自己中心的でエゴが強くなっているのです。

それがプロのカウンセラーのケアを受けると、変化が生じます。対話の効果が現れるからです。さらには人と何か共有することを望むことは、日常の生活では見逃しがちな些細な喜びに気づく動機づけとなります。思い出を振り返るときに、嬉しかったことを探してその喜びの感情をともに味わいたいと考えるものだからです。

私の場合は妻がこころの支えとしての役割を果たしてくれたおかげで、蓄積されたストレスや疲労、ネガティブ感情がリセットされ、気分新たに働くことができるようになりました。会社に戻るとトラブル続きでまたすぐにストレスが溜まってしまったのですが、こころの痛みを共有できる人が存在すると感じるだけで、それまでとは異なる精神的な弾力性が生まれたのでした。

家族に助けられた希代の実業家ジョブズ

逆境における家族とのかかわりを考えると私はスティーブ・ジョブズのことを思い出します。スティーブ・ジョブズの人生は数々の華やかな偉業でハイライトされています。友人のスティーブ・ウォズニアックとアップルコンピュータを創業し、五年足らずで一億ドル企業（約一〇〇億円）に育て、二〇代半ばにして二億ドル（約二〇〇億円）の価値のある株式を持つ資産家となり、若き成功者としてマスコミの脚光を浴びました。

その後、一度社外に出ますが、苦境続きのアップル社に暫定CEOとして復帰し、iMac、iPod、アップルストア、iPhone、iPadといった革新的な商品とサービスを世に打ち出すことで、アップル社を見事にV字回復させます。その時価総額は宿敵マイクロソフトを超え、世界で最も価値のある会社になりました。

アップル社だけではありません。ジョージ・ルーカスから一〇〇〇万ドルで値切って、CGアニメを製作する技術を持つものの将来性の見えないスタジオ「ピクサー社」を買収。その後、世界初のフルCGによる長編映画『トイ・ストーリー』を始めとするメガヒット作品を連発する制作会社に育て上げます。買収から二〇年後には七五億ドルでディズニー社に売却しました。七五〇倍の資産価値に増やしたのです。ディズニー社の筆頭株主となり、取締役会にも招かれました。PC業界のみならず、音楽・映画・通信産業におけるVIP（最重要人物）となったのでした。希代の実業家でありヴィジョナリーであるスティーブ・ジョブズはファンに惜しまれつつ五六歳の若さでこの世を去りました。

誰もが羨《うらや》むようなその輝かしい成功の一方で、ジョブズは逆境続きの人生を歩んできました。ジョブズは生まれてまもなく養子に出されます。「母親に捨てられた」という事実はジョブズの自尊心を傷つけ、長くトラウマ（心的外傷）となり、大人になってからもジョブズのこころを悩ませました。大学生の頃（大学一年生の後期に中退してしまいましたが）、学業はそっちのけで東洋哲学に傾倒したのも、一九歳のときに友人と一緒に導師（グル）を求めてインド・ヒマラヤに数カ月間あてのない旅をしたのも、スタンフォード大学近くの禅センターで日本人老師から座禅を習い始めたのも、実の母親に捨てられたというトラウマから生まれた内面の空虚感を埋めるための必死の試みでした。

そのトラウマが、ジョブズの自分の力を誇示しようとする強い欲求、そして自分の存在を世の中に示そうとする内的な動機づけにつながったと思われます。彼は精神の安寧を禅の修行で求める一方、起業家としての世間的な成功を、アップル社で革新的な製品を世の中に送り出すことで達成しようとしていました。

屈折した過去とネガティブな感情をバネとして飛躍したのです。しかしジョブズに大きな逆境が待ち構えていました。自分が創業したアップル・コンピュータという職場から放り出されたのです。しかも自分が苦労して説得し、引き抜いてきたCEOに……。

働きたいのに働けない、会社に貢献したいのに何もできない。活力と情熱と野心にあふれた若きジョブズにとっては拷問に近いものでした。この三〇歳のジョブズを襲った悲劇は大いにプライドを傷つけ、アイデンティティを喪失させ、精神的に深く落ち込ませました。ジョブズはアップル株の売却で得た資金を元にして、アップル社の優秀な仲間とともにNeXT社を創業しますが、創業当時から事業は困難を極めてしまいます。たびたびのリストラを迫られ、ジョブズは倒産を防ぐために自らの資産を切り崩さなくてはいけませんでした。ある時には個人資産がアップル退社時の約四分の一に減ったといいます。

この先の見えないモラトリアムの状態は約一〇年間続きます。アップル社を創業し辞めるまでの一〇年間は世間の注目を浴び続けた栄光の日々だっただけに、この期間はジョブズにとって耐えられないほどのものだったかもしれません。

ところがこの「失われた一〇年間」にジョブズを支えたのが、失意の時期に出会った妻ローリーンと家族でした。ジョブズがアップルを辞めて四年後に、学生からのリクエストに応えて大学で講義をすることになりました。若きエリートが集まるキャンパスで話をするのは嫌いではなかったようです。それが自宅の近所にあり、普段から散歩をする名門スタンフォード大学であればなおさらでした。

ビジネススクールの講義をするなかで、ジョブズは当時MBAを取得する学生だった女性ローリーンと出会いました。そしてひと目惚れをしたのでした。その一年半後には彼の師である乙川老師が執りしきる仏教形式の厳粛な結婚式を行っています。それは身内だけのささやかな式でした。

三〇代半ばになり、ジョブズは父親となりました。長男が生まれたのです。その後も二人の娘が生まれました。父としてのジョブズは、愛情に満ちていました。億万長者としてはめずらしく、一般の人々が住む地域にある平屋建ての一軒家に家族と仲睦まじく暮らしていました。

不振続きのNeXTとピクサー社のおかげで経済的には衰退しつつあったのですが、妻であるローリーンと出会ったことでジョブズの精神的な豊かさは上向きになっていました。自分が創業した会社での居場所は失ったジョブズですが、新たにつくりあげた家庭は彼にこころの安定を与え、精神的な安らぎの場となっていたのです。そこで気力と精神を回復することで、ビジネスの修羅場に戻り、厳しい現実の壁を乗り越える内面の力を発揮することができたのです。

妻、子ども、家族との親密なつながりが、ジョブズにとってのこころの支えとなり、ビジネスにおける苦難や逆境を乗り越えるために必要なレジリエンスを形成していたのではないかと考えられます。この家族のサポートがなければ、さすがのジョブズも精神的に参ってビジネス界での成功をあきらめ、完全に身を引いていたかもしれません。

職場のつながりの強さで逆境を乗り越える

レジリエンス・マッスルを鍛える上で、こころの支えとなる大切な人からのサポートや家族や同僚との親密なつながりが重要であることを説明しました。これは企業におけるレジリエンスという意味でも同じことが言えます。

企業にはお金や資産を表す「金融資本」や企業で働く従業員を表す「人的資本」があります。見逃されがちなのが、数値化しにくい「社会関係資本」です。この社会関係資本は、繁栄型組織を研究する「ポジティブ組織論」において、継続して業績を伸ばしながら社員の満足度が高い企業の特徴のひとつであると考えられています。

私が職場における社会関係資本の素晴らしさを実感したのは、長野県伊那市にある寒天メーカー「伊那食品工業」を訪問したときのことでした。主婦の間では「かんてんぱぱ」でよく知られる会社で、経営者や人事関係者の間では「四八期連続増収増益を達成した日本の優良企業」として有名な中堅会社です。

伊那食品工業の本社社屋は、自然あふれる「かんてんぱぱガーデン」のなかにあります。二階建てのオフィスに約三〇〇人の本社社員が働き、フラットなつくりとなっているため、デスクを立ち上がれば職場の仲間の顔を見ることができます。電話やメールに頼ることなく「お〜い」と声をかけ、オフィスのどこかに集まって立ち話をすることで、円滑で透明性の高いコミュニケーションが実現します。

若手社員とベテラン社員、そして経営幹部にインタビューをさせていただいたのですが、印象的だったのが「うちの会社では社長と会長以外は皆『さんづけ』で呼びます」と入社三年目の女性社員が話していたことでした。関係性がフラットなので、「〇〇課長」などと役職で呼ぶことが不自然に感じるそうです。伊那食品工業では社会関係資本が形成されるさまざまな「仕組み」があります。

◆毎朝、社員総出の行事となっている「かんてんぱぱガーデン」の掃除
◆毎年の恒例イベントである全社員参加の社員旅行（約半年かけて準備される）
◆夜の歓送迎会や誕生日会、さまざまな達成を祝う祝福会
◆休日のサークル活動（休日も社員と一緒にいることが多い）

部署や世代の垣根を越えたつながりの機会がたくさんあるため、工場を含めた全社員の顔と名前がほぼ一致しているといいます。これはすごいことだと感じました。

豊かな社会関係資本を強みとする伊那食品工業は「社員の幸せを通して社会に貢献する」

という企業理念を持つ会社としても有名です。ベテランの中堅社員との対話を通して、その理念が随所に息づいていることも確認しました。

そんな伊那食品工業も一度「逆境」に直面したことがあります。それは二〇〇五年に起きました。ＴＶの健康番組で「寒天は健康にいい」ということが広まり需要が急激に増加、空前の「寒天ブーム」が起きたのです。寒天に含まれている水溶性の食物繊維が体に良いことがわかり、ダイエットブームもあって消費に火がついたのでした。店頭で品切れが頻発して、夜に工場を稼働させてまで増産しなくては追いつかない事態が発生した。

その年は会社全体で四〇％の増収、数十億規模の売り上げ増加となったのです。しかし私の取材でその出来事を回想する経営幹部の方は、とても悲しげな表情を見せていました。売り上げの飛躍的な増収をあれほどつらそうに話す社員の姿を見たのは初めてでした。

実際は、急増する需要に応えるために工場のシフト数を増やす必要がありました。工場で勤務する社員の生活のことを考えると、社員の幸福を理念とする同社にとっては選択できないことではありました。ただ、寒天は医療機関や高齢者向け商品としても使用されており、品切れで困る患者などがいたことから、消費者のためにやむを得ず生産を拡大する意思決定をせざるをえなかったのでした。

しかしながら無理を重ねた社員が疲労してしまい、地域の人からも「社員さんの顔色が最近優れないですね」と心配され、経営幹部のこころを苦しめたのでした。

まもなくして寒天ブームは過ぎ去り、伊那食品工業の売り上げと利益は前年を大きく下回りました。四八年間続いた増収増益もついにストップがかかります。経営陣には動揺はありませんでした。ブームは一時的なものだと捉え、工場のラインを設備投資することも社員を緊急増員することもなかったため、経営上大きな問題はありませんでした。

ただ増収に慣れていた社員にとって、毎月の売り上げが前年比を下回る数字を見続けるのはとてもつらく、精神的な試練となりました。少しでも前年を上回り、会社が着実に成長を続けているほうが社員は安心で幸せ感を感じるものです。会社の成長と自分の将来設計を重ねることで、将来の希望も生まれます。

寒天ブームが終焉し業界が急速に冷え込むなかで、早期に増収基調に回復することができたのは、伊那食品工業にレジリエンスがあったからだと言えます。そしてその原動力となったものは、企業理念に裏打ちされた経営力と社員の相互のつながりの強い社会関係資本にあったと考えられます。

お客様に支えられて再起する

私がかかわったビジネスでも、人に支えられることで逆境からの再起を果たした経験があります。その危機は何の前触れもなく飛び込んできました。中国で輸入化粧品に関する風評問題が報道され、私が担当していた高級化粧品も巻き込まれてしまったのです。「え、中国？　風評？」。予想外のことに状況がさっぱりわからなかったのですが、情報を集めるうちに相当困ったことになりつつあることがわかりました。中国のある省で海外から輸入されている化粧品の成分チェックが行われたのですが、その結果、日本や欧米のメーカーから販売されているスキンケアブランドのなかにその省が認めていない成分が含まれていることが判明し、中国国内のマスコミに報道されたとのことでした。

しかも私たちのブランドがやり玉にあがっているという報告がありました。ＴＶのニュースやネット報道、翌日の新聞記事でも、ブランドの代表商品のボトル写真を載せていたのです。資生堂やコーセーなどの他の国産化粧品、エスティーローダーやクリニーク、ランコムなどの欧米の化粧品に関しては記事のなかで触れられているだけ。自社ブランドへのバッシングとも思えるネガティブな扱いでした。

その背景には当時の第一次安倍内閣の靖国問題による政治関係悪化問題がありました。日本と中国との関係に暗雲が漂うなか、中国国内でよく売れている日本製商品の代表として敵対視されたのではないか。それが私の憶測でした。

幸運なことに、ブランドイメージが確立し高い信頼を勝ち得た日本国内ではその風評に対しての被害の心配はまったくありませんでした。中国で騒がれていることに日本のお客様はまったく動揺しなかったのです。

ところが中国国内と香港、台湾は大打撃を受けました。日が経つにつれて報道はエスカレートして、デパートのカウンターに抗議に訪れる客も増え、ついには美容部員が危険にあう可能性があるとの経営判断から中国国内のカウンターをすべてクローズすることが決定されました。商品在庫を抱えつつ、ある日突然売り上げゼロになったのです。

デパートのカウンターをすぐに撤去するわけにはいきません。予定していたTVCMも無理矢理ストップしましたが、高額なメディア費用は回収できませんでした。売り上げゼロと多大な支出をともない、膨大な額の損害が発生しました。

私は日本と韓国を担当していたのですが、その韓国では数日の時差を経てTVとインターネットメディアを通して風評問題が伝わり、ブランドのウェブサイトは消費者からの文句と苦情の声で一気に炎上してしまいました。このブランドが発売されてまだ七年弱と韓国での歴史は比較的浅く、お客様のブランドに対する信頼関係が脆弱だったことが原因でした。また当時の日韓の政治的環境も必ずしも良好ではなかったことがあり、反日報道を好むメディアから強烈なバッシングを浴びてしまったのでした。

その報道を受けて、買い控えをするお客様も少なくはありませんでした。新規のお客様の購入はぱったりと止まってしまいました。毎年順調に売り上げを伸ばし、シェアも市場でトップを目指していた矢先だっただけに、関係者の失望も大きいものでした。

この問題が起きてすぐに韓国産のスキンケアブランドは敵対的なプロモーションを開始

しました。私たちのお客さまにのみ割引価格で特別セットを提供しだしたのです。美容部員の口頭セールスでのみ行われていたため、私たちは抗議のしようがありませんでした。店頭の美容部員は、普段であればお客様で賑わっていたカウンターに人気がない状態で、隣の競合に顧客を奪われてしまうのをつらい思いをしながら見ていたのでした。

これが自分たちのおかしてしまった過ちであれば反省する必要があります。しかし隣の中国の、しかも政治的な問題が関与しての風評問題となると、韓国チームの同僚も私も含め怒りのやり場がありませんでした。

「チャイナクライシス」からのブランド再起は、このブランドの韓国事業を担当している私の最優先事項となりました。研究開発部門の速やかな調査により、製品の成分には問題がなかったことが改めて判明しました。しかし風評被害で下げられたイメージは回復に時間がかかり、なかなか売り上げが回復しません。

この最も苦しかった時期に私たちを励ましてくれたのは、実はブランド愛用者の価値ある行動でした。風評問題のネガティブな報道の後にもかかわらず、わざわざデパートのカウンターにまでお越しいただき、店頭の美容部員に心温まる励ましの言葉を投げかけてくださる優しいお客様がいらっしゃったのです。隣の売り場で他社の化粧品が割引プロモーションを行っていても、こころが揺らぐことがまったくなかったといいます。まだ商品が自宅に残っているのに、新たに購入していただいたお客様もいらっしゃいました。私たちはその話を聞いて感動を覚えました。

P&Gには「お客様はボスである」という哲学があります。「上司の顔だけを見て内向きになってはいけない。社外を向いてお客様の生活の質を向上するためにはどんな貢献ができるかを常に問い続けなくてはいけない。当社のブランドを店頭で選び、当社を支えてくださるのはお客様なのだから」という消費材メーカーならではの哲学です。

「自分たちは被害者だと考えて不満や文句を言っていても何も生まれない。お客様に何ができるのか、どんな貢献が可能かを考えて、行動計画を立てよう!」。愛用者に励まされた私たちは、ブランドの再起に向けて気持ちを新たにしました。ひとたび意欲に火がつくと、韓国人は力強く果敢な行動をします。その力強さは日本人以上です。気持ちが前向きになると、さまざまなアイデアが噴出してきました。

「愛用者に向けた特別なサービスを行えないか。カウンターに来ていただいた方に花束を差し上げる、無料のフェイシャルエステを行うなど、特別な体験を提供できないか」

「お客様だけではなく、雑誌記者にもこのブランドを愛用し見捨てていない人たちが、いらっしゃる。その人たちに会社から感謝の手紙を書いたらどうか」

「中堅デパートは長くお世話になっているバイヤーさんのサポートもあって何とか踏ん張っている。そこで売り上げを回復し、このブランドは再起可能だと実証したらどうか」

「ちょうど日本からベテランの美容部員トレーナーを呼んで、接客技術の強化訓練を実施できる店舗を探していた。その中堅デパートで技術だけでなく売り上げにもつながる秘策をそのベテラントレーナーから享受できないか」

現場の声をもとにした地に足のついたアイデアが出そろい、私たちは「ブランドを再起する」という目標への見通しがついたことを実感し、自信と希望が高まりました。このときを境にして、深く落ち込んで再起不能とまで心配されたブランドの再起劇が始まったのでした。その後もうまくいかないことや複雑な問題もありましたが、ブランドを愛用するお客様のためにできることはないかと考え、問題を解決し困難を乗り越えることで、予想よりも早期に「チャイナクライシス」以前の売上レベルに立ち直ることができたのです。

失ったものは大きかったのですが「ブランドにとって本当の資産とは何か」を理解できたことはチームにとって大きな知恵となりました。それはブランドを愛用し支えていただける「お客様」「美容記者」「小売店」の三者でした。痛みをともなった学びだけに、この逆境にかかわったチーム全員にとって忘れられない教訓となったはずです。そしてすべてのチームメンバーがあの逆境体験を経て打たれ強くたくましく成長しました。

その後もさまざまな強化プランと新商品の導入、新タレントを起用しての新規広告キャンペーンなどが制作・実行され、「チャイナクライシス」の数年後には念願のトップブランドの座を獲得するに至りました。その達成を祝った内輪のパーティーでは、祝福のシャンパンで乾杯をしながら韓国チームのリーダーと「あの時に落ち込んでいなければ、ここまで飛躍できたかどうかわからないね」と笑顔で話をしたことを覚えています。私にとっても逆境から這い上がり高く成長した経験は誇りとなっています。

トップコンサルタントが味わった最大の「逆境」

私は日本を代表する経営コンサルタントである大前研一さんの著作のファンです。大前研一さんの数多くの著作には、「経営指南書」とも言うべき戦略論や経営に関する本から、若手サラリーマンにスキルアップを促す書籍がありますが、最もこころが打たれたのが「逆境物語」とも言える『大前研一 敗戦記』(文藝春秋)です。

この本だけは異質です。ジャーナリスティックな側面も感じられ、とてもコンサルタントが書いた書籍とは思えません。しかしながら、大前研一さんのビジョンや思想、分析眼や批判的精神が余すところなく描かれており、同時に精神的に強い人物に思える大前研一さんが思わずこころが折れそうになった経験についても赤裸々に書かれているため、大前作品のなかでは一番の私の愛読書です。残念ながら絶版になっていますが、運が良ければ「Amazon」の古本サービスなどで良質の古書が手に入ると思います。

本書では大前研一さんの「自分史」も語られています。レジリエンスの強い人がどのように育ったのかがわかります。

大前研一さんは九州で生まれ、横浜で幼少時代を過ごすのですが、少年の頃から負けずぎらいで、高校時代には趣味のクラリネットに明け暮れて登校拒否をしていたそうです。学校に行くのはクラリネットを部活動で吹く目的でいつも夕方から。それでいて試験はいつも満点で、学校にしてみればずいぶん頭にくる生徒だったそうです。

大学は早稲田大学の理工学部に入学し応用化学を専攻しますが、どうせやるならば未知の分野がいいとのことで、早稲田を卒業すると原子力工学の研究をするために東京工業大学の大学院に入学します。しかし勉強をするうちに「日本の大学の原子力工学のレベルは米国の遥かに後塵を拝していた」ことを痛感し、当時最先端の米・マサチューセッツ工科大学（ＭＩＴ）に留学します。そこでは世界中からやってきた優れた頭脳を持つ人間に囲まれて「カネなし、ヒマなし、アソビなし」の厳しい学生生活を送ります。

「あの厳しさのおかげで今の自分があるのだと思う。たとえ今まったくのゼロになっても、ＭＩＴでのあの厳しい生活を思えば、明日から地下鉄工事をやってでも生きていく自信が今の自分にはある」と振り返っています。レジリエンスのある人が語る言葉です。

米国留学中に楽器演奏を通して出会った将来の奥さんとなるジニーさんは、ＭＩＴを卒業後、日立製作所で原子力発電を設計していた大前研一さんの後を追いかけるように来日しました。その後二人は国際結婚をするのですが、当時同居していた大前研一さんの母と嫁姑の確執がありました。これは大前研一さんにとって、家庭内の「逆境」だったのかもしれません。大前さんの仲裁により関係性は改善されたのですが、それ以来大前研一さんは妻のジニーさんと「よく話し合う」ことを大切にしてきたということです。そのジニーさんは、大前研一さんの人生に大きな影響を与えた人でもありました。

名門企業である日立製作所での仕事を見限って、人材バンクに登録して無職の身となった大前研一さんですが、その後友人宅でたまたま見かけた英字新聞で求人されていたマッキンゼー東京事務所に応募することになります。面接官のほとんどが「不適格」と判断し、ただひとりだけが強く推したことにより、MBAを取得していない理系の大前研一さんが合格した話は、マッキンゼーらしい採用のやり方として有名な話です。

その後マッキンゼー・ジャパンの社長、マッキンゼー本社の常務となり、世界中で最高の稼ぎ頭のコンサルタントとなった大前研一さんですが、日本を代表する企業である日立製作所からいつ撤退するかもわからない、社員数が数人しかいない事務所に転職したというのです。勇気あるキャリア・チェンジでした。当時はコンサルティング業が知られておらず、しかもマッキンゼーのフィーは世界基準で非常に高額で、クライアントの獲得に非常に苦労したとのことでした。これも仕事上の「逆境」だったかもしれません。

その試練も、大前研一さんの仕事で記述したノートがプレジデント社の編集者の目にとまり、その後書籍となった『企業参謀』がベストセラーになったことによって、営業をしなくてもクライアントの申込が舞い込む好循環が形成され、乗り越えることになります。

逆境で支えてくれる人、離れていく人

私の目から見ると、人生やキャリアでの大きな試練をものともせず、ゼロからの転職などの転機も好機に変えた大前研一さんの生き方は、生まれながらにしてレジリエンスに恵まれた人の典型にも見えます。そんな大前研一さんに訪れた最大の逆境は、準備万端で挑んだ東京都知事選で、俳優の青島幸雄さんに敗北したことではなかったでしょうか。

都知事選に出る前に大前研一さんは「平成維新の会」を設立し、政界に影響力のあるムーブメントを巻き起こします。大前研一さんのような政策に強いブレーンの後ろ盾があると政策作成能力に欠けた政治家も力強いものです。多くの政治家や関係者が大前研一さんに近寄ってきたと言います。

ところが大前研一さんが志を持って都知事選の出馬を表明すると、それまで周りを囲んでいた人たちが態度をがらっと変えてしまったのでした。

「自分で直接やる」と決断をしたことを伝えると「なぜひと言相談してくれなかったのか」「応援はするが、いろいろと差し障りがあるので……」と言い訳をされて、それまで自分が支援してきた政治家や経営者の態度が急変してしまったのです。

それまでコンサルティングで相手にしてきたエスタブリッシュメントの経営者や政治家に距離を置かれ、選挙を応援してくれたのはアンチ・エスタブリッシュメントの反骨精神

の塊《かたまり》のような人たちばかり。大前さん個人のお金もマッキンゼーの退職金を中心に六億円も支出し、都知事選挙のためにオートバイで東京都中を駆け巡ったそうですが、自宅から一歩も外に出なかった青島幸男さんに惨敗してしまったのでした。

結局選挙を全力で応援してくれた人はほんの数人で、家族も含めて個人的に親しかった人ばかりだったといいます。そのなかにはもちろん奥さんのジニーさんも含まれています。自分が本当に苦しいときに、選挙を手伝ってほしいと依頼したときに、「陰ながら応援する」と言って何もしてくれなかった人もたくさんいたそうです。知事選挙の落選後には、音信が途絶えてしまった人が何十人かいるそうです。逆境のときこそ、自分のこころの支えとなる本当に大切な人は誰かということが、よくわかるような体験です。

2 自分のサポーターはどこにいるのか？

レジリエンスを養うためにも、時間のあるときに自分にとってのVIP、つまり「大切な人」をリストアップすることをおすすめします。ここでいう「大切な人」とは、ビジネス上の得意先とは異なります。お金でつながった人たちではなく、こころを支えてくれる存在を意味します。自分が苦しい立場になったとき、つらい経験をしたとき、こころが折れそうになったときに精神的に支えてくれる存在でもあります。

「大切な人」「自分の心の支えとなる人」は、友人や家族に限定されません。職場での上司や先輩、同僚や部下にいるかもしれませんし、過去にお世話になった恩師やメンターであるかもしれません。

私が研修でこの演習を行ったときには、ある女性の参加者から旅先で偶然出会った人が自分のこころの支えとなってくれたという話を聞きました。どうも恋人と別れた後のひとりきりの傷心旅行だったのですが、海外で知り合った同じくひとり旅の女性と打ち解けて、国内にいるときには話しづらかった悩みやつらかったことを親身になって聞いてもらえたそうです。

病気という逆境に直面した場合は、頼りになる医師や自分をケアしてくれる看護師さんがこころの支えとなることもあります。看護師には「患者の役に立ちたい」「こころと体の健康を回復する手助けをしたい」という純粋な思いやりを持ち、自分の仕事にやりがいや意義を感じてがんばる真面目な人が多いのです。患者として入院したときに、そんな看護師さんに会うことができた人は幸運です。

子どもの頃に見返りを求めない愛情を注いでくれたおじいさんやおばあさんも、たとえその体はこの世になくとも、自分の助けとなってくれることもあります。大変な出来事に巻き込まれて気分が落ち込んでいるときに「いつも優しかったおばあちゃんは何を言って励ましてくれるだろう」と目を瞑って想像してみるだけで救いを感じることもあります。

最も大切な人の数は五人まで

「大切な人」のリストは何人までが適当な数でしょうか。私は片手の指、つまり優先順位の高い人を五人まで注意深く選ぶことをおすすめしています。私はそれを「ファイブ・フィンガー・ルール」と呼んでいます。その五人が自分を必要としているときは、すべての用件に優先して自らの時間を与えるというルールです。選ばれた人たちは、私がいざというときにこころの支えとなってくれる人たちでもあります。普段からギブ・アンド・テイクの関係を構築しておくことで、いざというときの助けとなるのです。

もちろん大切な五人の人たちとの信頼関係は一朝一夕にできあがるものではありません。大切な五人が困っているときには、仕事や他の用事を投げ出しても飛んでいけるかどうかが問われます。その繰り返しが信頼関係を築き上げるのです。

たとえば、私の息子が「大切な人」リストのひとりだとします（実際そうですが）。息子のバスケットボールの試合が平日の夕方にあり「優勝を決める決勝戦だから、絶対にパパに来てほしい」と頼まれたのですが、会社の大事な会議と重なっていたことに気づきました。さあどうするか。自分の誠実さが問われる瞬間です。仕事よりも優先して試合を観戦するという行動につながれば、プライオリティが明確な証拠でしょう。

自分にとって本当に大切な人たちであり、自分がつらいときにこころの支えにもなってくれる五人を選ぶことは、レジリエンスを養う準備として価値ある作業だと思います。大切な五人のリストを作成するときには、以下の問いを自分に投げかけて下さい。

「あなたにとって大切な人は誰ですか」

「過去に大変だった時期に親身に相談してくれた人は誰ですか」

「時には叱咤激励をしてくれたサポーターは誰ですか」

その人たちはあなたの人生にとって価値のある存在であるはずです。あなたの人生が映画だとしたら、主人公のあなたを支える助演役者たちがその五人であると考えてみるといいでしょう。

あなたがこころの支えとなる「ストローク」の習慣

自分にとってのこころの支えとなる五人をリストアップすることができたら、次はあなた自身がこころの支えとなる番です。誰かを助けようとする「利他心」は親切心という道徳的な強みを発揮させ、あなた自身を活性化する原動力にもなります。人は他人の役に立つ行為をすると、自分が元気になるのです。

では、どうすれば人のこころの支えになれるのか。シンプルでありながら、効果の高い方法があります。それは「声かけ」です。

プラン・ドゥー・シー社（ＰＤＳ）では社員に対しての声かけを「ストローク」と呼び、マネージャー以上の管理職に奨励されていました。

ＰＤＳとは、神戸・元町にあるオリエンタルホテルを始め、丸の内や京都、名古屋にレストランを展開し、オリジナル・ウェディングの草分け的な存在でもある企業です。

ＰＤＳは仕事に意義を感じて働く社員が多い会社として有名です。日経ビジネスで毎年発表される「働きがいのある会社」ランキングでは、過去数年連続でトップ3にランクインしています。とくに若者に大人気の会社で、二〇名の採用枠に四万人の学生がエントリーするほどです。しかもモチベーションの高い優秀な若者の応募も多いとのことです。

飲食サービス業ということもあり、商社や金融、コンサルティングなどの他業界と比べると給与が高いわけではありません。ある時期に株式上場することをとりやめにしたため、ストックオプションを目的に入社する人もいません。「心から愛せる商品をお客様に紹介できる」「人を大切にする会社だから自分も成長できる」と考えた若者たちが、この会社でキャリアを積むことで自己成長しようと考えて志望するのです。

ただアルバイトが重要な役割を占めるレストラン・ウエディング業において、人材管理は容易ではありません。飲食の仕事はハードで、サービスとおもてなしの質を確保するためには、気が抜けない日々が続きます。ストレスで疲労してしまう社員もいるでしょう。

そこで効果を上げているのが「ストローク」なのです。

PDSのあるジェネラル・マネージャーは、若くして京都の店舗の管理者として抜擢されました。士気が下がっているその店舗を再起してほしいというのが使命でした。そのジェネラル・マネージャーは赴任してすぐにピープル・マネジメントに課題があることに気づきます。PDSらしさが店舗内に感じられなかったからです。

まずは組織を活性化させ、PDSの文化を築かなくてはいけない。そう判断したジェネラル・マネージャーは、売り上げの多くを占めるウエディング事業に焦点を絞り、その事業で働くスタッフを正社員からアルバイトまですべてリストアップし、毎日の仕事のなかで「ストローク」を与えることにしたのです。

それはとても計画的な試みでした。各スタッフの活性度を縦軸に、ストロークの頻度を横軸にしてマッピングし、とくに元気のない従業員にはストロークの頻度を高めるように行動計画を立てて実行したのです。多忙なジェネラル・マネージャーの限られた時間と労力を効果的に投資するためのプランニングでした。

現場で働く従業員が、トップから頻繁に声かけを受けることで、職場に親密性が形成されました。それまでこころを閉じていたスタッフも、ストロークをされるたびにオープンになり、悩みごとなどを相談するようになったのです。同時に「うちのジェネラル・マネージャーは自分たちのことを理解して、耳を傾けてくれる」という信頼感が醸成され、現場ならではのアイデアが提案されるようになりました。

結果として若きジェネラル・マネージャーが掲げた「ベストを目指す高い目標」である「京都で最も多くのウエディングの成約を獲得する」というゴールを達成し、社員と約束していた海外旅行を実行したのだそうです。トップ自らがストロークを通して従業員のこころの支えとなることで、見事な再起を果たしたのでした。

まとめ

第五の技術　こころの支えとなる「サポーター」づくり
Social Support

家族、友人、同僚、恩師などの自分にとって大切と感じられる人たちは、困難な体験をして精神的に落ち込んでいるときに折れそうになったこころを支え、早期に立ち上がるために必要な叱咤激励をしてくれるありがたい存在である。

有事の逆境が起きる前の平時のときに、自分にとって大切な五人を選び「いざという時のサポーター」としてリストアップをしておくことがすすめられる。

第六章

第六の技術　「感謝」のポジティブ感情を高める

Gratitude

2 さまざまなメリットがある「感謝」の感情

「レジリエンス・マッスル」を鍛える最後の方法、それがポジティブな感情のひとつである「感謝」を高める習慣を持つことです。感謝とは、人に助けてもらったときや良い状況に恵まれたときに生まれる感情であり、自分のおかれた境遇をありがたいと深く感じる気持ちでもあります。

感謝の感情は自分の内面から生まれるものですが、その気持ちは外に向けられます。親切な行いをされたときには、優しくしてくれた人に感謝が向けられます。そして好運な出来事がもたらされた場合は、神様に感謝をすることがあるのではないでしょうか。感謝は、数ある感情のなかでも神聖で奥深い感情だと考えられます。

そのため感謝は古くから研究が行われてきました。とくにポジティブ心理学が生まれてからはポジティブ感情の研究が発展し、そのなかのひとつである感謝の研究は脚光を浴びてきました。感謝研究の第一人者として知られているのが米国のロバート・エモンズ博士です。博士は、感謝の習慣を持つことでこころ・感情・体においてさまざまなメリットが生じることを解明しました。そのおもな効果としては以下のものがあげられます。

① 幸福度を高める

感謝が深い人は、良いことがあるとその体験をより長く強く深く感じることができます。

それにより幸福感が増すのです。また感謝は私たちの脳につきものの「順応」を抑える働きがあります。「順応」を説明するときによく使われるのがアイスクリームの例です。

たとえば夏の暑い日に外でハーゲンダッツのアイスクリームを購入したとします。そのひと口目は素晴らしい味ですが、しばらく食べていくうちにその感動が薄れてきたことはないでしょうか。

または過去に誰かにひと目惚れしたときのことを思い出してください。恋愛の初期にはワクワク感やドキドキ感に満ちあふれ、相手との共有体験のすべてが新鮮に感じたことだと思います。しかし数カ月すると相手と一緒にいることに馴れてしまう。そんな経験はなかったでしょうか。

これらはすべて脳の「順応」効果の仕業です。痛みなどの不快な刺激が続く場合は、順応することでその痛みが和らげられます。しかし快楽やポジティブな体験も長期間繰り返されることで順応し、マンネリ化し、ついには飽きてしまう作用をもたらします。

順応を防ぐためには体験に「新しさ」をもたらすことが有効です。しかしそれにも限界があります。その代案として考えられるのが「感謝の念を高める」ことなのです。

私たちは「ありがたい」という気持ちで出来事に接したときに、それが特別で当たり前のものではないと感じ、すべてが新鮮に感じます。その新鮮さが順応を防ぐのです。

②ネガティブな感情を「中和」させる

感謝には不安や憂鬱感といったネガティブな感情を「中和」させる効果もあります。プラスとマイナスが合計されてゼロになるイメージを持つとわかるのではないでしょうか。たとえば失敗したときに生まれる不安の感情は「この先自分の思い通りにいかないことが起きるかもしれない」という「将来に対してのネガティブな結果の予測」が原因となって生まれた感情です。ところが感謝の感情を持つと、将来を向いていた思考が「今・ここ」にあるもの、自分にすでにもたらされたものに注意を向けることが可能となります。さらに感謝を含めたポジティブ感情は、ネガティブ感情を相殺する働きがあることがわかっています。これらのメカニズムにより不安などのネガティブ感情が中和されるのです。

③体の健康につながる

感謝を持つ頻度が高い人は、高血圧になりにくい、免疫力が強化され風邪をひきにくいなどの健康な状態を保つ作用が確認されています。

④思いやりが生まれる

感謝の豊富な人には「利他」の精神が生まれます。その結果、助けあいの行動や思いやりのある行為が自然と生まれるのです。これらの行動は見返りを求めた利己的なものではありません。相手に感謝されるかどうかは関係ないのです。仮に報われなかったとしても、道徳的な行為をすること自体に意義を感じるので、本人は満たされた気分になります。

⑤ 前向きでいる

いつもたえず感謝することを忘れない人は前向きです。逆境に直面してもめげず、あきらめることもしません。それは感謝にはそれがどんな体験であろうとも、過去に起きた体験には何か意味があったに違いないと前向きに内省する動機づけとなるからです。

「感謝の大爆発」という体験

私も感謝の感情を持つことで自分がとてもつらかった時期に立ち直ることができました。しかもそれはただの感謝ではなく「感謝の大爆発」とも言える強烈な感情エネルギーがあふれ出た体験でした。

それは私がコーチングを受けていたときのことでした。当時の私は仕事でトラブル続きでした。さらに自分が担当していた新商品も大きく失敗し、その穴埋めに必死でした。ストレスや疲労も溜まり、将来の不安に満ち、体は疲れているのに、よく眠れない日々が続いていました。

あるセッションでコーチから「あなたが今まで体験した危機的な状況を教えてくれないか」という質問を受けました。そのときにふと頭によみがえった記憶がありました。それは一〇年以上前に起きた出来事で、ほとんど忘れられた記憶でした。あまりにもショッキングな体験だったので、こころの奥底に蓋をしていたのかもしれません。十数年ぶりにこころの表層に再現されたその記憶とは、阪神淡路大震災に被災した経験でした。

当時、神戸市東灘区のマンションでひとり暮らしをしていたのですが、一九九五年の一月一七日早朝の午前五時、凄まじい衝撃音とともに私はベッドから放り出されました。一瞬、何が起きたのかわからなかったのですが、暗闇のなかで目を凝らして見ると、部屋のなかは錯乱状態でした。天井にあった照明は床に落ちて蛍光灯が粉々に割れ、本棚が倒れて書籍があちこちに散らばり、食器棚から皿やコップが放りだされ、冷蔵庫は横転して扉が開いたままになっていたのです。

寝室のカーテンを開けて外の風景を見たとき、私の思考は一瞬止まりました。そこには地獄絵図のような光景があったからです。アスファルト道路は張り裂け、電柱は真二つに折れて倒れていました。路駐されていた自家用車はひっくり返り、木造住宅は軒並み倒壊、鉄筋の建物はひび割れして傾いていました。

尋常じゃない光景に、すぐに私は外に避難することにしました。外に一歩踏み出すと、窓から見たときよりもずっとリアルな風景が広がっていました。視覚的にはリアルですが、何かが不自然でした。それはまったく物音がしなかったからです。

その静けさの理由は国道まで歩くとすぐに判明しました。道路で走っている車が一台もなかったからです。地割れした道路では走れるわけがありません。避難している人々も、無気力な表情をしてひと言も話そうとしませんでした。信じられない出来事が起きたためにショック状態になっていたのでしょう。

近くの小学校の運動場に避難する途中に、見知らぬ大人たちに引き止められました。家が倒壊しかけており、何とか太い柱によって支えられていたのですが、その内側におばあさんが閉じ込められていたのです。その柱を持ち上げるために若い男の力を必要としていたのでした。しかし男性が何人集まっても、重量のある柱を持ち上げることは不可能でした。寝間着姿の老女には「救急隊の人が来てくれるまで、我慢してくださいね」と他の男性が励ますようにして呼びかけていました。そんなことを言われても、いつ何時、頭上にある家屋が崩れ落ちて来るかわからないのですから、恐ろしくて仕方がないでしょう。しかし私たちはできることがありませんでした。私は人の無力さを感じました。

曲がり角を過ぎると、倒壊した住宅の前で数人の人々が合掌をしていました。私も思わず手を合わせると、隣の女性が真っ青な顔をして無表情にこう言いました。「ありがとうございます。娘も感謝しているでしょう」と。

私立大学の受験を控えたその娘さんは、いつも夜明け前に起きて受験勉強をしていたそうです。しかし一階にあった勉強部屋は、二階の家屋に押し潰されて見るも無惨な状態になっていました。二階の寝室にいた夫婦は何とか無事だったのですが、娘さんはおそらく即死でした。「苦しまないですんだことだけを願っています」と涙の枯れた目で語るその女性に、私は返す言葉がなく、ただ合掌し続けるしかできませんでした。

これほどまでに死に隣接した場に遭遇したことが初めてでした。私が住んでいた神戸市東灘区は被害が甚大で、約四〇〇〇人もの尊い命が奪われました……。

この話をコーチに話し終えたとき、彼はいつもの優しい表情から厳格な表情に変わり、私にこう言いました。

「あなたはそのときに〝生かされた〟ということに気づかなかったのですか？」

私はコーチに言われたその言葉が胸に突き刺さるようなショックを受けました。それまで私は自分が無事だったことを当然のように感じていたからです。大震災に被災したにもかかわらず、無傷でいたことを特別だと感じていなかったのです。

しかしコーチに問われて思い返してみれば、あれだけ多くの人命が失われたなかで怪我もせずに生きていたのはむしろ奇跡的なことであったことを悟りました。そして「天に生かされた」ことを本当に自覚したときに、とてつもなく深くて大きな感謝の感情が自分の内面から湧き上がり、胸が一杯になり、あふれ出る涙を止めることができなくなりました。

これほど激しい感情に襲われたのは始めてのことでした。この体験をうまく表現することはできません。ただ「感謝の大爆発」が起きたとしか言えません。経験してからは、私の人生観が一変しました。強烈な感謝を体験することで、そして自分は大きな力によって生かされていると思うことによって、それまで悩み苦しんできたことがあまりにも矮小《わいしょう》なことだったことを知りました。「なぜそんな小さなことでくよくよしていたのだろうか」と過去の自分を振り返る自分がいました。

「感謝の大爆発」を経験した後も、あいかわらず仕事で困ったことは連日のように続いていました。トラブルも多く、ピンチの状況に立つことも頻繁にあり、以前と大きな変化はなかったのです。しかし以前の私であればストレスに感じていたことが、「生かされた」ことを悟ってからはあまり気にならなくなったのです。精神が図太くなったのでしょうか、いやなことが起きても感情がぶれることが少なくなりました。感謝の涙を流した後の私は、見た目は同じでも内面は別人のようになっていたのです。

今であれば、あの感謝の大爆発を体験したときに、一瞬にしてレジリエンス・マッスルが強化されたのだと理解できます。

マンガ『ONE PIECE』の主人公ルフィが感じた逆境での感謝

私は若い社員が多く参加する研修で、大ヒットマンガ『ONE PIECE』の例を話すことがあります。共感を得やすく、私の伝えたいことをすぐに理解してくれるからです。

その事例は、主人公のルフィが人生で最大の逆境に立たされたときに自分に恵まれていたことに感謝を実感することで再起するシーンです。感謝の念は、自分が「もうだめだ」と精神的に深く落ち込んでいるときに実感することで、自分を立ち直らせたくましくするエネルギーを与えてくれます。それがルフィの苦悩と再起を通して見事に描かれています。

海軍との壮絶な戦いである「頂上戦争」の後の話でした。ルフィは愛してやまない兄のエースを目の前で死なせてしまったことに強い罪悪感を感じていました。しかも自分を助けるためにエースは命を落とすことになったのでした。悔やんでも悔やみきれません。自暴自棄となり、自分の体を痛めることでそのつらい過去の記憶から逃れようとするルフィに対して、メンター的な存在である魚人のジンベエは叱咤激励をします。

『失った物ばかり数えるな！　無い物はない！　確認せい！　お前にまだ残っておるものは何じゃ！』〈『ONE PIECE（六〇巻）』（尾田栄一郎／集英社）〉

その言葉を聞いて正気に戻ったルフィは、両手の指を使って数えます。ひとり、二人、三人……。自分は、かけがえのない八人の仲間たちに恵まれていたことに気づくのでした。

感謝とは、自分が何かに恵まれていることを実感したときに生まれる感情です。そして自分のおかれた境遇をありがたいと深く感じる気持ちです。

「自分には何も残されていない」と失ったものばかり指折り数えているときには感謝の感情は生まれてきません。不幸、不満、不安などのネガティブ感情が渦巻くばかりです。

しかしすべてが失われたわけではなく、自分には貴重な何かが残されていると気づいた瞬間に感謝の感情は生まれます。ルフィの場合、恵まれていた何かとは、八人の仲間たちでした。そのことに気づいた瞬間からルフィは立ち直ります。失敗を怖れずに新しいこと（ルフィの場合は師レイリーのもとで修行に励むこと）に挑戦し、二年後には新時代を先導する存在となったのです。

感謝を育むための日記の習慣

感謝は誰にでも感じられる感情です。しかし、多くの人にレジリエンスを教えてきた経験から、豊かな感謝を持つ人にはある共通点があることに気づきました。それは自分に「無いもの」ではなく、自分にもたらされている「あるもの」に焦点を当てるという特徴的な物の見方です。

自分に恵まれたものをフォーカスする視点は普段からの意識的な習慣によって養われます。普通は、無いものや足りないものに目が向きがちですので、意志を持ってその癖を変えなくてはいけません。物の見方を変え、感謝というポジティブな感情を高める三つの代表的なテクニックがあります。それは、「感謝日記を書く」「三つのよいことを思い出す」「感謝の手紙を書く」です。まずはじめの「感謝日記」を紹介しましょう。

【感謝日記】

① 一日の終わりに感謝したことを思い出します

② その出来事を日記形式で書き出してみます

③ できれば「なぜこの良い出来事が起きたのか」についてもじっくりと考えてみます

④ そして「ありがたいなあ」という気持ちを胸の内で感じながら、日記を閉じます

「書く」という行為は自分の思考を整理して気持ちを落ち着けるセラピー効果があることは第一章で説明しました。今回の「感謝日記」は、ネガティブ感情の反芻を鎮めるためのライティングとは異なります。ポジティブな感情を豊かにするための活動です。

その日を締めくくる活動として「感謝日記」を書くパーソナルな時間を持つことは、「自分は恵まれている」という事実を書くことを通してこころに刻み込み、純度の高い感謝の気持ちを生み出す価値ある習慣です。

書く行為は、まず頭で考え、その思考内容を手で書き、書いた文字を目で読む複合的な行為です。この感謝日記の場合は、さらに感謝の気持ちを胸の内で感じます。思考・行動・感覚・感情を使って豊かな体験をするため、その効果は深く長続きします。

感謝日記を書いた後は「今日も一日ついていたなあ」という気持ちで眠りにつくことができます。朝起きたときも幸せな気分で目覚めるでしょう。

朝起きたときの心理状態がその日一日の幸せ度を規定すると私は考えています。そして幸せな気分で朝を迎えるためには、どのような心理状態で眠るのかが鍵を握ります。「ありがたい」という感謝の気持ちで床につくことは理想と言えるでしょう。

2 会議の前に「うまくいったこと」を共有する

感謝を高める実証ベースの二つ目のテクニックが「三つのよいことを思い出す」です。

【三つのよいこと】

① その日に起きたことを振り返って、うまくいった三つの事柄を回想してください

②「ありがたい」「運が良かった」と感じる内容を箇条書きで記述してください

③ なぜうまくいったのかについても理由を考えてください

この方法は感謝の感情を高める効果だけに限定していません。ポジティブ心理学の創始者であるマーティン・セリグマン教授らが中心となって行った信頼のおける調査では、「三つのよいことを思い出す」習慣を一週間毎晩継続した人たちの多くが、以前とくらべて幸福感が高まり、同時に抑うつの徴候が下がったことがわかりました。

うまくいったことを振り返ることは、仕事においても効果があります。会社ではどうしてもリスクに目が向けられがちです。大きな失敗を避けたほうが高く評価される保守的な組織（たとえば役所や銀行など）であれば、成功の予兆よりも失敗の徴候に敏感になるものです。しかしそれが企業風土となると、失敗を怖れた従業員が「行動回避」をする悪循環が生まれてしまいます。

　そこで職場で「何がうまくいったか」を数えるこのテクニックが役に立ちます。ある国内の外資系ＩＴ系コンサルティング会社では、このテクニックが会議のアイスブレイクとして活用されました。

　その会社ではシックスシグマを応用した業務改善手法を提供しています。その導入にあたり、まず顧客企業の主要社員を集め、問題解決の方向性を探るためのブレインストーミングが行なわれていました。

　ところが問題解決につながる良いアイデアがなかなか出ず、会議中に無力感が漂うことがありました。また、あるひとりのベテラン社員は部屋の奥にある席に座り、話し合いに参加してくれません。

　この五〇代のベテラン社員こそが実は問題について詳しいその顧客会社のキーマンだったのですが、非協力的な態度で厄介な相手でもありました。

　そこで新たな試みとして、ブレインストーミングの前に「最近会社でうまくいった仕事を共有しよう」と司会進行役のコンサルタントが提案しました。ポジティブな感情を高め、創造的な場の雰囲気をつくりだすことが目的でした。

　このアイスブレイクは期待以上の結果をあげました。とくに若手を中心として相手先企業の社員の表情がぱっと明るくなり、会議がいつも以上に活性化したのです。しかしベテラン社員は相変わらずむっつりした表情で黙って座り込んでいます。ただ他の社員は気にすることもなく、アイデアを盛んに話し合っていました。

ところが意外な現象が起きます。そのベテラン社員がポツリポツリと意見を話しはじめたのです。そんなことは数々の会議をして初めてのことでした。

ベテラン社員が伝えるアイデアは本質を突いており、他の若手社員も「それはいいですね！」と称賛します。すると賛同されていい気持ちになったのか、さらに拍車がかかったそのベテラン社員は活発に意見を話すようになりました。

最後にはその社員の独壇場でした。次から次へと新しいアイデアが話されたのです。それまで溜め込んできたものが一気に爆発したかのような調子でした。結果として多くの価値ある解決策が生まれ、そのブレインストーミングは成功裏に終わったのでした。

ポジティブな感情は波及効果があることがわかっています。上記のコンサルタントが行ったブレストでは「うまくいったこと」を共有して生まれたポジティブな感情が、若手社員からベテラン社員に伝染して、こころを開く行為につながったのでしょう。

このように会議のなかでも「うまくいったこと」を共有する機会を持つと、職場が活性化します。それは感謝の感情が向上するだけでなく、創造性や発想力のアップ、仕事のやりがいや満足度などの多くのメリットをもたらします。

ありがとうを伝えられなかった相手に手紙を書く

そして最後が「感謝の手紙を書く」手法です。

【感謝の手紙を書く】

①自分が過去にお世話になった、助けられた人で感謝を伝えられなかった人を選びます
②その人に向けて感謝の気持ちを表す手紙を書きます
③どんな親切を行い、好意ある態度を示してくれたかを回想します
④その結果、どんな好影響を自分の人生に与えてくれたのかも言及します
⑤その人がいなければ、今の自分がどう変わっていたのかについても考えます
⑥書いた手紙は、本人に手渡しするか、送付するか、またはそのましまっておきます

この手法の興味深い点は、本人に手紙を読んでもらわなかったとしても、書き手の内面に感謝の気持ちがぐっと高まることです。私がこの演習を行ったときには、記憶としてよみがえった感動で、涙がとまらない人もいました。

実際にその本人に会って、目の前で手紙を読むことで直接的に感謝を伝えることも効果的です。急激に感謝のポジティブ感情が高まり、その効果は書き手だけでなく、受け取るほうにも期待できます。

ただし、日本のように感謝をする行いが常識とされている文化のなかでは、わざわざ相手の前で感謝の手紙を読むことは恥ずかしいと感じる人も存在します。その場合は、羞恥心というネガティブ感情が妨げとなって、感謝のポジティブ感情が充分に高まらない怖れがあります。本人のパーソナリティと相手によるのでしょう。

感謝の手紙を書く機会は意外に多いものです。

たとえば、家族の誕生日や、父の日、母の日、敬老の日などが挙げられます。職場でも、親切な行為に対して「サンクスカード」を差し出すことでお互いに認めある手法があることを、ＪＡＬの事例でもお伝えしました。

すでにある「記念日」や「祝いの場」などを活用することで、より頻繁に感謝のメッセージを伝えることが可能です。

この行為は相手の喜びになるだけでなく、書き手にとっても感謝の感情を豊かにし、レジリエンス・マッスルを鍛えることになることを忘れないでいただきたいと思います。

まとめ

第六の技術「感謝」のポジティブ感情を高める
Gratitude

人に助けてもらったとき、良い状況に恵まれたときに生まれる感謝の感情は、幸福度が高まるだけでなく、ストレスを低減し抑うつや不安の徴候が下がることから、逆境を体験したつらい時期の立ち直りの方法として有効である。

感謝の念を高める三種類の手法

①感謝日記を書く
②三つのよいことを思い出す
③感謝の手紙を書く

第七章

第七の技術　痛い体験から意味を学ぶ

Growth from Adversity

修羅場を乗り越えて成長する人

不幸に感じるような体験、こころに痛みを感じるような経験をした人のなかには、素晴らしい自己成長を遂げる人がいます。このポジティブな変容現象について考えるとき、私の頭にいつも思い浮かぶのがマンガ『ドラゴンボール』です。

『ドラゴンボール』は一九八四年から約一〇年間に渡って週刊少年ジャンプで長期連載された伝説的なマンガです。世界で最も売れたマンガ作品であり、そのコミックスは三・五億冊を超える売れ行きを見せ、いまだに伸び続けています。

その人気の秘密には何と言っても主人公の孫悟空が見せる「修羅場の後の成長」のストーリーがあります。孫悟空は数々の強敵と対峙しますが、その度に強くなり勝利をおさめてきました。師との厳しい修行を経て強くなり、さらにはライバルとの死闘で命を落としかけたところを再起して、以前よりもはるかにパワーアップします。

サイヤ人という戦闘種族の血をひく孫悟空は、生命の危険にさらされるような危機を乗り越えたときに、その肉体がより強靭となって生まれ変わる血が流れているからです。

孫悟空が修羅場を乗り越えながら心身ともに強く大きく育っていくその過程を多くの日本人の子どもはわくわくしながら読み続けていました。この「修羅場の後の成長」は、マンガの世界だけに起こることではありません。現実にも起こりうる現象なのです。

その成長は計画的にできるものではありません。予期せぬ問題に直面し、こころや感情が揺さぶられるようなつらい体験をし、それを乗り越えたときに達成できる心理的な成長です。そのためには、困難や苦しみから逃げ出してはいけない。たとえ自分が不快に感じることでも、精神的な痛みを感じようとも、勇気を持ってその挑戦を受け入れることができた人にだけ与えられる報酬なのです。

この変容を学者は「PTG（トラウマ後の成長）」と呼びました。精神的な痛みをともない体験の後に訪れる自己成長のプロセスです。

もがき奮闘した人にもたらされる五つの成長

PTG研究の第一人者である米・ノースカロライナ大学のリチャード・テデスキ博士はPTGを「非常に挑戦的な人生の危機でもがき奮闘した結果起こるポジティブな変化の体験」と定義しています。博士が強調するのは「もがき奮闘する」という点です。自分の力ではどうにもならないような危機をもがき苦しみながらも努力の結果乗り越えたときに「ポジティブな変化」がその人の内面で生まれる。それがPTGであると博士は考えました。

トラウマを受け入れ、もがき奮闘し、乗り越えた人にもたらされたポジティブな変化はどれも内的なものばかりです。必ずしも他人から見て気づくようなものではありません。

しかし、ＰＴＧを体験した多くの人は、その内面からの変化が人としての成長にもつながり、家族や周りの人から「苦労をしたけれど、何だか変わったね」と言われるほどになっています。そのポジティブな違いが内側からにじみ出てくるのでしょう。

ＰＴＧを体験した人にはおもに五つの変化が見られます。

第一の変化は、全般的な「生」に対しての感謝の気持ちが増すことです。それまで気にもしていなかったような小さな出来事に対しても、喜びを感じるようになるのです。毎日の生活のなかで、感謝の念を感じることが多くなる。その背景にあるのは自分の生命に対してのありがたみ、感謝の気持ちです。「ああ、自分は生きることができて幸せだ」という感謝の感情がその背景にはあります。

二つ目の変化は、人間関係に関するものです。真の友人とは人生の修羅場で助けの手を差しのべてくれる人です。しかし逆境になったときに、親友だと思っていた人が助けてくれないことがあり、逆にしばらく会っていない人に救われることもあります。新しい人間関係が得られる一方で、過去の人間関係を失うこともある。痛みをともなう変化です。

第三の変化は、自分の強さに対しての理解の深まりです。自分の力ではどうすることもできないほどの危機を乗り越えたとき、大いなる自信が湧いてくる。しかしその自信は過去のものとは異なります。それはより正確な自己の強さの認識であるとともに、自分の人間としての弱さやはかなさの知覚でもあるからです。

そして感謝の念、人間関係の変化、自己の強さの認識が自分の視野を広げ、その後の人生のまったく新しい可能性を感じさせるドアを開かせます。人生観・価値観・仕事観が根底から変化してしまう。これが第四の変化である「新しい価値観」です。

さらには精神的な変化を体験した人もいます。自分の命が危険にさらされる苦境を乗り越えて、存在や霊性に対しての意識が高まるのです。これは宗教観とは関係なく、より根源的で本質的な深い意識の目覚めで、気づきだと考えられます。これが第五の変化である自己の存在とスピリチュアリティに対しての意識の高まりです。

まとめると「生への感謝」「深い人間関係」「自己の強さ」「新しい価値観」「存在と霊的意識の高まり」という五つの変化がつらい体験をした後に一部の人に見られる自己の内面の成長です。

ＰＴＧを体験した人のなかには、自分の人生の目的や仕事の意味が大きく変化し、その結果優先順位がシフトし、職業を変えた人がいます。人から助けられた体験が仕事観に影響し、看護婦や心理カウンセラー、そしてソーシャルワーカーなどの人助けを専門とする職業にキャリアチェンジしたケースも少なくありません。自分の新たな才能や強みに目覚め、より意義のある仕事に変える人もいます。

「ノーペイン、ノーゲイン」。失った後こそ得られるものが存在するのでしょう。

経営の神様・松下幸之助に起きた「最大のピンチ」

修羅場を乗り越えて成長を続けた著名人として名前が思い浮かぶのが、松下電器創業者で経営の神様と呼ばれた松下幸之助さんです。

第二次世界大戦前の松下電器は、成長は著しいものの規模的には日立や東芝よりも小さく、三井や三菱などの財閥とは比べ物にならないほど微小な中小企業でした。当時の電器産業は今でいうインターネットのような新興の技術の潮流に乗ったベンチャー企業でした。

ところが戦時中は陸軍や海軍から支援を依頼され、軍用機の部品を製造し軍に納め、船を製造するために造船会社を設立しなくてはいけませんでした。軍の命令に逆らうことは当時の日本人としてはありえないことだったのです。かといって家電会社である松下電器には造船の専門的技術も経験もありません。多額の資本金を銀行から融資し、多数の労働者を雇用しなくてはいけなかったのでした。その結果、戦時中の松下電器はかなりの規模の企業となるのですが、負債は増え続け、肥大したバランスシートは悪化する一方でした。

戦後、松下幸之助さんは、軍需生産で浪費していた労働力を本来の家電生産にシフトして、日本の再起に貢献するために気持ちを新たにしていました。ところが、GHQ（連合国軍最高司令官総司令部）に松下電器は軍需産業の一端を担ったと見なされ、生産停止命令が発せられたのです。

悪い話は続きます。三井・三菱・住友・安田などの財閥と同様に、松下グループも財閥に指定されてしまったのです。すべての資産が凍結され、緊密な関係を持っていたグループ会社も無理矢理解体されたのでした。松下幸之助さんの個人資産も凍結され、巨額の負債だけが残りました。公職追放の被害にもあいました。これは戦争犯罪者を公職から追放する措置でした。犯罪者と見なされたショックだけでなく、会社の職務から追放され、業務を行うことが一切禁じられたことは精神的に大きなダメージを及ぼしました。

敗戦後の国の再生に貢献したくとも何もできない。自分が創業した会社を立て直したくともかかわることが許されない。巨額の負債を抱えながら、その利子を支払うためにさらに借金をする必要がある。一九四六年からさまざまな制約から解放される一九五〇年までの四年間は、松下幸之助さん自身にとって悪夢のような月日だったにちがいありません。

松下幸之助はいかにピンチを乗り越えたか

五〇代半ばの本来であれば最も脂ののった時期に、敗戦国の日本に駐留したGHQによって「制限会社の指定」「公職追放処分」「財閥指定」など全部で七つの制限指令を受けた松下幸之助さん。会社から資産が没収され、莫大な負債だけが残ったにもかかわらず、自分の境遇を自分で打開する自由さえも奪われたのでした。

人は自分で物事がコントロールできる、自分の処遇は自分で決められると実感したときに幸福度が高まるものです。「自己決定感」はその人の心理的な幸せに大きく影響します。

経営者は自分で自分の仕事を決め、給与を決定し、会社の方向性も決めることができるため、会社で雇用されているサラリーマンよりも幸福感や充実感が高いレベルにあることが多い。松下幸之助さんも苦労続きの仕事人生ではありましたが、オーナー経営者としてはやりがいもあり満たされた年月でもあったと思われます。しかし戦後の数年間は、不幸に感じることも多々あったに違いありません。

過去三〇年に貯蓄した財産はゼロになりました。しかも自らの失敗とは関係のない理不尽な理由で。松下幸之助さんらは毎週のように大阪から東京に通い、GHQに陳情するのですが、聞く耳を持ってくれません。先の見えない不安、自分の力ではどうにもならないことから生まれる無力感、従業員からの期待に応えることができない罪悪感……。それらのネガティブな感情は精神を蝕《むしば》み、ストレスを解消するためにアルコールに頼り、眠れない夜を乗り越えるために睡眠薬を使用するようになったといいます。

五〇代後半の不遇の数年間を松下幸之助さんはいかにして乗り切ったのでしょうか。

実はこのピンチの時期に「高次の目的」を見いだし、その実現に没頭することがこころの拠り所になったのでした。

松下幸之助さんはこのつらい時期に沈思黙考したそうです。なぜ自分はこのような苦境に立たされたのか。何が原因だったのか。自分の意思決定に問題があったのだろうかと。たしかに戦前は世間から「経営の神様」ともてはやされ、会社も成長を重ねたが、自分にも驕りの気持ちが出ていたかもしれない。そう反省します。陸軍や海軍の依頼を受け入れ支援した決定も仕方がなかったとはいえ、正しかったのかはわからないと考えました。

しかしその前提として、自分が事業を営む日本という国が戦争に突入し、国家資産の四分の一と数百万人の命を失った惨状に陥ったことが問題であったのではないか。なぜこんなことになってしまったのか。日本は二度と第二次大戦のような自殺行為に向かわないようにするためにはどうすればいいのか。

これらの疑問が動機づけとなってPHP研究所が発足されたのでした。PHPとは平和（Peace）、幸福（Happiness）、繁栄（Prosperity）の頭文字をとったもので、「繁栄によって平和と幸福を」を意味しました。平和なしでは繁栄と幸福も達せられないし、経済的な繁栄なしでは平和も維持できない。松下幸之助さん自身によって設立されたPHP研究所は、その名称自体に基本構想が含まれていたのです。

公職追放のために会社で働けなくなったとき、松下幸之助さんのすべての時間はPHP運動に費やされました。図書館でスペースを借りて月に一回研究講座を催し、PHP運動の紹介と会合の告知のために大阪の梅田駅前でビラを配ったこともありました。経営の神様と称された松下幸之助さん本人がビラを配って歩いていたのです。

しかし一般の人々の反応は芳しくなかったといいます。自伝のなかでも「PHP運動の滑り出しはそれほどよくなく、さまざまな問題がからまっていた」と記述しています。

敗戦後の食べ物が不足して飢えた人々にとっては、人間の本質よりも食料の確保に関心があったのです。本人の労力に比べて、実りのある成果はあげられなかったそうです。

ただPHPの運動は松下幸之助さんにとっては重要な役割を果たしたようです。「PHPこそは本当に私の心のよりどころだった」と本人も語っています。松下幸之助さんは、人生最大の逆境から、人生最高の目的を見いだしたのでした。

制限会社の指定を受けてから四年半後、松下電器はやっとのことですべての規制を取り除かれることになりました。それから松下幸之助さんはPHP研究所の運動を一部を除いて中止することにしました。自らの時間と労力のすべてを松下電器の再生に注力することにしたのです。

危機を乗り越えた後の繁栄

その後の松下電器の躍進と世界的な成功は衆知の事実です。個人としても松下幸之助さんは、六〇代以降長者番付の常連となり、所得日本一を一〇回記録し、最盛期には五〇〇〇億円もの財産を築いたとされます。世界に冠たるマルチ・ビリオネアーが国内に存在したのです。戦後のゼロの状態からの、あまりにも見事な再起でした。

ＰＨＰ運動はどうなったのでしょうか。松下幸之助さんは、一度発見した高次の目的を見失ってはいませんでした。

六〇代半ばになり、社長の座を養子の松下正治さんに譲って経営の第一線を退いてから、すぐにＰＨＰ研究所の活動に本腰を入れるようになったのです。九四歳でこの世を去るまでの約三〇年もの間、ＰＨＰの活動を全面的に支援しました。若い研究所員と京都の別邸である「真々庵」で人間の本質について議論し、自ら多くの書籍を著作したのでした。その数は本人の名前が記されているものだけでも五〇冊近くに及びます。

ＰＨＰ研究所の機関紙「ＰＨＰ」に連載したエッセイをまとめた『道をひらく』は一五〇刷・四五〇万部を越える超ベストセラー・ロングセラーとなっています。

「危機」という文字には「危ない」と「機」の両方が含まれています。これは「クライシスはより大きな飛躍のチャンスでもある」という意味を表します。

同じく古代中国には「この世にある森羅万象のすべての現象は陰と陽の側面がある」という陰陽思想が存在していました。そのシンボルが「太極図」です。この図を注意深く見ると、ある深い知恵が隠されていることに気づきます。

太極図には陰の黒い部分に小さな白丸があります。これは何を意味するのでしょうか。

「一見不幸に思えるような出来事（＝黒色）のなかにも、成功の種（＝白丸）が隠されている。だから落ち込まずに、希望を持って次の大きな成功の種を発見しようではないか」というメッセージなのです。一方で白く明るい部分にある小さな黒丸にはどんな意味があるのでしょうか。これは「一見運が良いように見える出来事（＝白色）のなかには、失敗の種（＝黒丸）が潜んでいる可能性がある。成功したからといって有頂天にならずに、注意深さ・思慮深さを保ち続けなくてはいけない」という戒めです。

松下幸之助さんにとって戦後数年間のGHQによるさまざまな制約は、個人と会社の危機以外の何ものでもありませんでした。ところが不幸が度重なった時期に、小さな白い丸を見つけた。それがPHP運動という高次の目的だったと思われます。

松下電器の家電によって助けられた家庭は数多く存在します。ただ長い目で見ると、家電商品よりも独自のPHP研究所での出版や教育などの活動を通して救われた人の数のほうが将来的には多くなるのかもしれません。松下幸之助さんが著した『道を開く』は少なくとも四五〇万人にポジティブな影響を与えているのですから。

■太極図

人生史を俯瞰することで逆境の意味を学ぶ

すでに紹介しましたが、レジリエンスの七つの技術はおもに三段階に分けられます。まずはネガティブ感情の悪循環から脱出し、役に立たない「思いこみ」をてなずけることでネガティブ感情の根本原因に対処するステージ。これら二つの技術により、失敗やトラブルといったピンチが原因として起こる精神的な落ち込みを「底打ち」することができます（図の①にあたります）。

次に上に向けて再起するステージで、困難を乗り越えるには精神的な筋肉「レジリエンス・マッスル」を必要とします。そのためには自己効力感を身につけ、自分の「強み」を活かし、こころの支えとなる「サポーター」をつくって、「感謝」のポジティブ感情を高める四つの技術が必要でした（図の②にあたります）。

そしてレジリエンスを養う最後の技術が、精神的に痛みを感じるようなつらい体験から意味を学ぶことで自己成長を促すことです。逆境体験を教訓化する力です。そのためには過去の逆境体験から一歩離れて俯瞰する振り返りの作業が有効です（図の③にあたります）。これを「リフレクション」（内省）といいます。

レジリエンス・トレーニングでは、本人の逆境体験を「物語化」してもらう手法を採用しています。物語心理学（ナラティブ心理学）の研究では、人は人生の経験を「物語」として構築すると考えられています。同じ出来事でも、どう物語化されるかは人によって異なり、それが人々の人生経験の解釈に違いをもたらすということです。

つらい体験をしたとき、その記憶が必ずしも事実に基づいているとは限りません。私たちの深層心理には「思いこみ」が存在し、出来事の認知を歪《ゆが》ませることもあるからです。

レジリエンスでは、事実を歪んで認識するのではなく、できるだけ正確に把握し、合理的にしなやかに解釈する柔軟なこころが重要になります。体験した出来事をどのように自分に物語るかが、経験の解釈に影響するため、その逆境の物語である「レジリエンス・ストーリー」を語る場を設けることで、主観的な意味づけを理解することが可能となるのです。レジリエンス・ストーリーを作成する際のポイントが三つあります。

① 被害者でなく、再起した者の立場で物語を形成する

② 精神的な落ち込みから抜け出したきっかけは何かを回想する

③ ゼロの状態からいかにして這い上がってきたのかに着目する

まず気をつけなくてはいけないのが、私たちは過去の失敗や困難な体験を「被害者」的に物語ることがある点です。自分は失敗者である、何をしてもうまくいかない、これからも成功することはないだろうと悲観的な物の見方で物語を形成してしまうのです。

この演習では、失敗者・被害者の見地ではなく、困難を乗り越えて再起した者の立場として前向きなレジリエンス・ストーリーを語ることが重要となります。

■レジリエンス３つのステージ

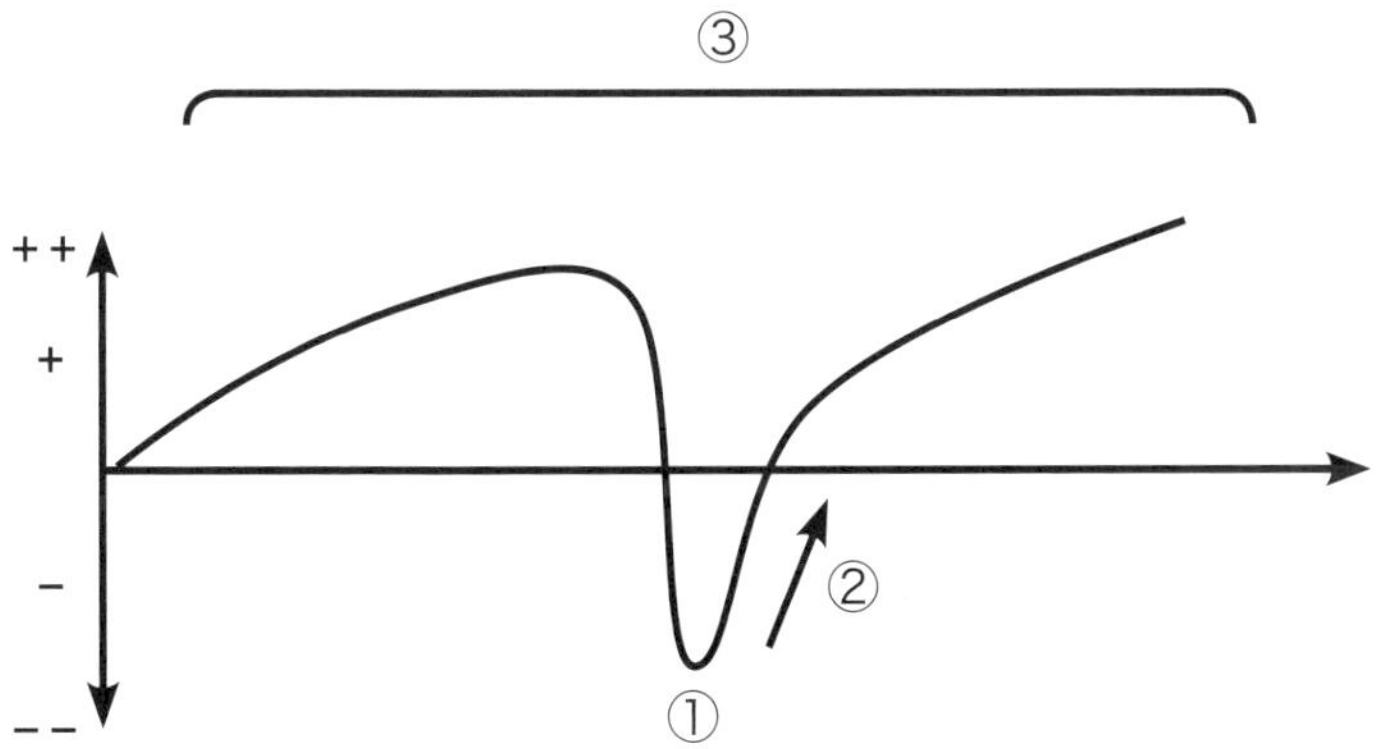

① 精神的な落ち込みから抜け出し、「底打ち」した段階
② レジリエンス・マッスルを使って、再起する段階
③ 過去の逆境体験から一歩離れて、高い視点から俯瞰する段階

二つ目のポイントは、そのストーリーのなかには必ずピンチや逆境に直面して精神的に落ち込んだ軌跡があるはずですが、その下降のベクトルからいかに抜け出すことができたのかを振り返ることです。人は無意識で不幸でいるのは楽ですが、幸せになるためにネガティブ・サイクルを断ち切るには意識的な行動が必要です。どんな行動をしたのか、または誰に助けられたのか、急激に状況が変わったのかなどの情報を回想するのが要点です。

優れたレジリエンス・ストーリーを作成する上での三つ目のポイントは、精神的に落ち込んだ状態からプラスの状態に這い上がり再起するために、どのようなレジリエンス・マッスルを活用したかの振り返りです。

たとえば、修羅場を乗り越えるために自分が「強み」をいかに活用したか、困難でこころが折れそうになったときにどのサポーターに助けられたか、また恩師や上司などに助けられて自己効力感をどのように形成したか、そして誰に感謝を感じたかなどの実例が物語に含まれてきます。それは本人がつらい体験を経てレジリエンス・マッスルを鍛え、次の困難な挑戦に耐えうる力を養ったプロセスでもあります。

2 人に物語ることで逆境の意味に気づく

そして最後が「俯瞰」です。これはメタビューと呼ばれるコーチング手法のひとつで、自分史を紙に描き、作成した自分だけのレジリエンス・ストーリーを語りながら、これらの体験にはどのような意味があったのか、自分に対してのどんなメッセージが隠されているのかを高い位置から探求する作業です。

通常、私たちはつらい体験に直面したときには近視眼的になってしまいます。不安や怖れ、怒りなどのネガティブ感情は人の視野を狭める働きがあるからです。全体像や長期的視野を持つことを忘れ、目の前にある問題に対処することにフォーカスします。それは問題解決にとって役割があるのですが、次につながる知恵の学習をする意味では、近視眼的な物の見方は役に立たないことが多い。そのために俯瞰的な視野が必要となります。

逆境を振り返り、自分史を目の前に置きながら、自分が鷹になったように高い位置から自分にもたらされた体験を俯瞰する。すると新たな意味が出現することがあります。

ただ、ひとりで行うには限界があります。私が講師をするレジリエンス・トレーニングでは、この演習を三人から四人の小グループに別れて協働で行うようにしています。それまでの研修でお互いについて理解し、困難な体験も共有することができた仲間ですので、信頼関係はつくられています。静かな会議室に入り、順番を決めて、ひとりずつレジリエンス・ストーリーを話してもらうのです。

このワークは非常に盛り上がります。仕事や人生における苦境の話をしているにもかかわらず、あるグループからは笑い声が聞こえてくることもあります。他の人の逆境物語を聞いて「感動した」「自分も学ばせていただいた」「その人を見る目が変わった」という声もよく聞きます。非常にインパクトのある演習で密度の高い時間なのです。

つらい体験から教訓を引き出すために、聞き手からはいくつかの質問をしてもらいます。

◆これらの経験から、何を学びましたか？

◆これらの経験は、その後にどんな意味を持っていたのでしょうか？

◆俯瞰することで、何か共通しているものや大きな流れが見えますか？

人は他者から効果的な質問をされることで、深層心理に眠っていた記憶が浮かび上がることがあります。意識の表層では考えていなかったことを、他者の助けを得ることで気づくのです。「そのつらい体験には、その後の仕事においてどんな意味を持っていたのでしょうか」と改めて質問されると、忘れていた大切なことを思い出すきっかけにもなります。

そして自分がつらい思いをしたのは、この知恵を学び、この真実に気づくためにあったのかもしれないと感じることがあるかもしれません。それこそが自己成長の瞬間であり、次に困難があっても乗り越えるたくましさを身につけた自己変容だと考えられます。

三種類の「仕事観」の研究

私がこの演習を行って得た気づきは、今までの人生におけるある共通したパターンでした。自分が本当にやりたいことがわからなくなったときに私の幸福度は下降を始め、そして偶然が重なって自分の新しい目的が定まってから一気に上昇するというパターンを、過去の学生生活や社会人になってからのキャリアで繰り返していたのです。

この自分の経験を自分のなかで体系化することができたのは、ポジティブ心理学における「仕事観」の研究を知ったときでした。私が尊敬する心理学者兼経営学者に米・ミシガン大学のジェーン・ダットン博士がいます。ポジティブ心理学の考え方を経営や組織開発の分野に応用した「ポジティブ組織論」の生みの親であり、多くの気鋭の若手心理学者にメンターとしてポジティブな影響を与えている方です。

そのダットン博士の愛弟子のニューヨーク大学の心理学者エイミー・ルゼスニュースキー博士は、人の仕事に対しての価値観は三つのタイプに分類できると考えました。これらの価値観をわかりやすく理解するために役に立つある寓話があります。

昔あるところで三人の大工が教会を建築していました。そこに通りかかった旅人が、教会を建てている大工に「あなたは今なぜその仕事をしているのですか」と訊ねました。

一人目の大工は「もちろん、お金を得るためですよ。お金がないと、今晩の飯を家族に与えるのもままならないものでね」と答えました。

二人目の大工からは「この仕事をして、頭領に認められたら、また次の仕事がもらえるじゃないですか。だからがんばっているのです」という返事が返ってきました。

最後に脇目もふらずに仕事をしている大工に話しかけました。その大工は「ちょっと今手が離せないから、後にしてもらえないか」と質問に答えようとしなかったのです。しばらくしてその大工が手を休めているときに、旅人は再度同じ質問をしました。すると汗をぬぐいながら、この大工は嬉しそうにこう言いました。

「あなたには見えないのですか。そりゃもちろん、立派な教会を建てるためにこの仕事をしているのですよ。それが私に与えられた役目ですから。この教会が建ったら、神様もお喜びになるだろうし、多くの信者さんがここで恩恵を受けることになるでしょう！」

第一の仕事観は「ジョブ」といいます。これは一人目の大工の価値観に表れています。仕事を「お金と生活のための労働」と考えているタイプです。その大工にとっての仕事とは、物質的な見返りを得るための手段であり、生活や家族のために収入を得ることを目的としていたからです。

調査によると、この「ジョブ」タイプに属する人たちの仕事の生産性・モチベーション・満足感はあまり高いものではありませんでした。仕事の終業時刻や週末が近づくにつれて、やる気が高まるという傾向も見られました。早く家に帰って好きな娯楽などをしたいのです。実際、このタイプの人たちは生活の満足の源泉を仕事以外の活動に求めがちでした。趣味や友人関係、家族と過ごす時間などにです。

第二の仕事観は「キャリア」といいます。これは「地位と名誉のために仕事をすること」

であり、二人目の大工がこれに当てはまります。このタイプの人たちは、仕事とはお金やモノを得るだけではなく、昇進・昇給・名誉・権力を獲得する手段だと考えている点に特徴があります。それらを達成することに非常に意欲的で、そのため仕事に熱心です。しかし仕事で期待をしていた見返りが得られないと失望し、いらだつこともあります。

キャリアという言葉はラテン語とフランス語に由来し、「レーストラックでの荷車」の意味がありました。「キャリア」タイプの人は、自分や会社が設定した目標を達成することに熱心です。そして達成すると一時的に満足するのですが、すぐに新たな目標を立てます。その結果、終わりのないゴールに向かって懸命に競争し走り続けてしまうのです。

第三の仕事観は、最後の大工の持っていた価値観です。その大工は、自分よりも大きな意味と目的のために仕事をしていました。この仕事観を「コーリング」と言います。もともと「コーリング」という言葉には「天職」「天から与えられた役目」という宗教的意味がありました。「すべての人が、この世に生を受ける前に神から使命を与えられている」という思想に基づいています。それが現代心理学の世界で「本人の仕事に意味と意義を感じている志向性」と定義されるようになったのです。

「コーリング」タイプは、仕事に、また人生に対して前向きで高い満足を感じていることが調査の結果わかっています。この人たちは引退することを考えていません。できれば、自分が健康であるかぎり今の仕事をやり続けたいと思っているのです。その人たちにとって仕事とは人生の中心で、とても大切なものです。自分が好きなことを仕事にして、仕事をすることが好きでたまらないのです。「コーリング」タイプを見極めるのは容易です。自己紹介をするときに、自分の仕事のことを誇らしく話す特徴があるからです。

「ジョブ」や「キャリア」のタイプは仕事の目的を外的なもの、つまり会社から与えられるお金や上司からの褒め言葉、昇進・昇給・賞賛などの「外発的な動機」においています。

その一方で「コーリング」タイプは「内発的な動機」を主としています。高収入を得て、人に褒められることはもちろん嬉しい。ただ、他者に依存した仕事をするのではなく、自分の内面で感じる「意義」を仕事のモチベーションの源としているのです。そして「コーリング」タイプは、仕事で結果を達成することだけではなく、そこにたどり着くまでの「プロセス」にも意義を感じています。旅でたとえれば、目的地に到達するまでの道程の景色や人との出会いも充分に楽しむことができるタイプと言えるでしょう。

自分が意味のある目的に向かって一歩ずつ進むことに、深い満足感を感じている。自分は正しい方向に進んでいると絶えず実感し、安心感を感じているのです。

「コーリング」を仕事とする人は誰か

「コーリング」を仕事とする人は、いわゆるプロフェッショナルな仕事に就いている人に多いと考えられます。それはたとえば会社のオーナーや経営者、医師や弁護士、プロのスポーツ選手、作家や芸術家などです。調査では興味深いことに、専業主婦の「コーリング度」が高いことも確認されています。家事の〝プロ〟として意義ややりがいを感じている主婦（または主夫）が多いということでしょう。

ただしこれらの職業に就いている人が、すべて「コーリング」タイプであるとは限りません。当初は病を治すことに意味を感じていた医師が、大学病院で仕事を続けるうちに、その興味の対象が収入や院内での地位へとシフトし、「キャリア」の仕事観へと変化する場合もあります。人助けという意義のある仕事に憧れて介護やカウンセラーの資格を取得したものの、予想以上に収入が少なく、生活と家族のために仕事をする「ジョブ」の仕事観に変わってしまった人たちも知っています。

その反対に、当初は生活のために始めた仕事で思わぬ才能を発揮し、職場でも認められ、本人の仕事観が「ジョブ」から「キャリア」へと変遷を遂げた人もいます。またキャリア志向でバリバリ働いていた人が、意識の変化を促すような逆境体験をした後に、転職や独立などをして「コーリング」の仕事観を持つようになった人も少なからずいます。

キャリアを昇り詰め、または事業で成功を収め、金銭的にも充分に恵まれた後に、顧客や社員、そして社会に奉仕したいという意義を見いだし、慈善事業に精を出す「コーリング」タイプもいます。事業で成功した資産家やオーナー社長に多いタイプです。

私は「ジョブ」「キャリア」「コーリング」のうち、どの仕事観がベストかを断言する立場にはいません。ただ調査の結果、「コーリング」の仕事観を持つ人は仕事や人生の満足度が高く、心身ともに健康で、私的にも公的にも成功しやすいことがわかっています。

「コーリング」に従うCEO

私の身近にも、そのロールモデルとなる人物がいました。P&GでCEOを務めたボブ・マクドナルドです。私は、彼がP&G日本法人の社長をしていた時に出会いました。当時私はただのブランド・マネージャーだったのですが、彼は私のような一社員の名前も覚える優れた記憶力と、目が合えば親しげに話しかけてくる優しさを持っていました。それ以来、彼は私にとってリーダーとしての憧れの対象であり続けています。

あるとき私は彼と一緒に昼食をとる機会を得ました。そのときに以前から気になっていたことを思い切って質問してみたのです。

「ボブ、なぜ陸軍を辞めてP&Gに入社したのですか?」

彼はリーダー養成機関として名高いアメリカのウエストポイント陸軍士官学校を卒業し、軍幹部としてのキャリアを歩んできたのですが、三〇代を前にして陸軍を辞めることを決心しました。その後大学院でMBAを取得し、実業界に転向してP&Gに入社したという異色の経歴を持っていたのです。

この質問は意外なものだったのか、普段であればどんな質問も笑顔でスラスラと答える彼が、そのときは真剣な顔つきをしてしばらく考え、言葉を選びながら慎重に答えました。

「クゼさん、私は世界中の人々に役に立つ意義のある仕事をするために陸軍に入りました。ただ米国がベトナム戦争に突入した後に、考えが少し変わりました。その使命を果たすには、軍以外の道もあるのではないかと模索するようになったのです。そこで出会ったのがP&Gという会社でした。世界的に事業を展開する消費材企業であれば、新たな形で世界の人々の生活の質を向上するという有意義な仕事に貢献できると確信を持ったのです」

私はこの答え受けて、感動をおぼえました。「この人は自分が世界の人々にどんな貢献ができるのかを中心にして、自分の仕事を選択しキャリアを形成している。生粋のサーバント（奉仕型）リーダーだ」と思いました。

そして「この人なら信頼してついていける」とランチの席でのちょっとした会話で、一社員にそこまで惚れさせたのです。結局私は「彼のような人が経営陣にいる会社であれば間違いない」と考え、その後の長い期間をP&Gで過ごすことになりました。

ボブ・マクドナルドの強みは、口で美辞麗句を唱えるだけではなく、その志を曲げることなく有言実行してしまうところです。売上八兆円、純利益が一兆円を超えるグローバル企業P&GのCEOになってからも、「次の五年間で、とくに中国やインドなどの新興国におけるシェアを伸ばして、新たに一〇億人の消費者がP&G商品のユーザーになることを目標とする」と宣言したのです。「この人はCEOになっても、世界中の人々に貢献するというコーリングに従って仕事をしている」と感じさせました。

本当にやりたいことを仕事にしているか？

過去の自分の体験を振り返り俯瞰したときの気づき、つまり本当にやりたいことがわからなくなったときに私の幸福度は下降を始め、自分の新しい目的が定まってから上昇するというパターンを、この「仕事観」の研究を応用するとうまく説明することができます。

私は自分の愛する商品やサービスをお客さまに紹介し、愛用者を育てることが好きでマーケティングを仕事として志しました。そしてその最高峰と言えるP&Gに入社することができました。社会人として仕事を始めてからは、非常に満たされた毎日が続きました。仕事は決して楽ではなく、終電近くまでハードワークをすることもざらでしたが、自分の成長がひしひしと感じられ、正しい道を進んでいることも実感でき、とても充実していました。自分にとって「コーリング」と言える仕事を職としていたからでしょう。

しかし、いつからか、自分の仕事観が「コーリング」から「キャリア」に変化していたのです。おそらくベテランの立場となり、私の同期や先輩たちが皆転職していなくなった頃でした。P&Gにとってマーケティング本部は幹部候補を育成する役割もあり、本部内では競争も激しく、「アップ・オア・アウト」と俗に言われるように、成果を出して昇進するか、社外に転職するかが迫られていました。私もそのプレッシャーをひしひしと感じていました。

当時携わっていた仕事は好きで、会社のことも誇りに思っていました。転職は考えられず、他に働きたいと思える会社もなかった。大きな責任と巨額の予算を任せられ、ダイナミックな仕事ができる環境にあったからです。その頃から私は会社に残るために「キャリア」タイプに変遷していました。

そして日本国内からグローバルへと仕事の範囲が広がり、部下の数も増え、事業の責任も拡大して、自分の仕事がマーケティングから事業のオペレーションへとシフトしていきました。好きだったマーケティングには直接かかわることが少なくなり、部下を通した仕事になります。毎月、毎週の売り上げを管理し、目標が達成できない場合はその理由を説明して穴埋めプランを早急に作成、目標を達成できる場合はどこまで伸ばせるかのアップサイドプランを開発するといった数字中心の仕事が多くなりました。

オペレーションは自分の得意とするところでもあったのですが、得意な仕事は必ずしも自分を特徴づける強みであるとは限らず、あまりやりがいを感じられませんでした。数字を管理し数値的な目標を達成することにあまり喜びを感じられなかったのです。自分の仕事観が「キャリア」タイプから「ジョブ」に変わりつつあったのです。

上司との関係や会社の待遇に不満はなく、一緒に働く部下や同僚、広告代理店のスタッフは皆優秀で仕事熱心。恵まれていたと思います。しかし自分の内面は「慢性的な不満」が続いていたのでした。自分の仕事が「コーリング」からずれてしまったからです。

その後「本当にやりたいことは何か」を自問し、コーチの助けも借りて、新しい「コーリング」を見いだします。家族も養う必要があるので、数年の準備を経て会社を退職し、独立・起業する道を歩むことになりました。それからは上昇気流に乗っています。

逆境物語を俯瞰して得られる教訓は成功への鍵

私が自分の逆境体験を振り返って得ることができた教訓は、本当にやりたいこと、つまり「コーリング」との間にズレが生じてしまった場合、仕事における充実度が下がり、活き活きと働くことができないという単純なことでした。しかしそのシンプルなことを行動に移すことができず、苦境を招き大変な思いをするまで行動回避を続けたのです。

勇気がない、臆病だったという性格論ではなく自己認識が足りなかったのです。自分の感情、「思いこみ」、自分を特徴づける「強み」、何が自分の自信の源泉になるのかという自己効力感の源について、何もわかっていなかったのです。

今では自分の弱さを知り、レジリエンスを養うことで自分を深く理解して精神を鍛えることも可能となりました。以前よりも「私は何者か」についてわかった気がします。自分の本当にやりたいことがわからずに悩んでいる人がいますが、その前に自分自身について研究し開発することに時間や労力やお金を使うべきです。「私は何者か」の延長線上に「私は何をすべきか」があり、それが「本当にやりたかったこと」であることが多いからです。

レジリエンスを養う最後の技術とは、逆境体験という精神的には痛いけれども発達的には価値ある体験から「私という人間は一体何者なのか」を学ぶプロセスとも言えます。

そしてその学びから自分のコーリングに気づき、コーリングに沿った新しい行動へ勇気ある一歩を踏み出したとき、幸せで充実したわくわくするような世界が繰り広げられる。それが私の実体験でした。

一見不幸に思えるような出来事のなかにも、将来の成功の種が隠されている。だから落ち込まずに、希望を持って次の大きな成功に向けて行動をする。それがレジリエンスを持つ人に与えられた働く喜びであり生きる楽しみなのです。

まとめ

第七の技術　痛い体験から意味を学ぶ

Growth from Adversity

逆境体験には自分を成長させ、次の困難を乗り越えるための価値ある意味や知恵が隠されている。そのためには、

①被害者でなく、再起した者の立場で物語を形成する

②精神的な落ち込みから抜け出したきっかけは何かを回想する

③ゼロの状態からいかにして這い上がってきたのかに着目する

そして逆境物語を俯瞰して意味を探求することが有効である。

■ 参考図書・参考文献

『オプティミストはなぜ成功するか』マーティン・セリグマン（パンローリング）
『スタンフォードの自分を変える教室』ケリー・マクゴニカル（大和書房）
『がまんしなくていい』鎌田寛（集英社）
『7つの習慣』スティーブン・R・コヴィ（キングベアー出版）
『仕事の哲学』ピーター・F・ドラッカー（ダイヤモンド社）
『モチベーションをまなぶ12の理論』鹿毛雅治・編（金剛出版）
『才能を磨く』ケン・ロビンソン（大和書房）
『前例がない。だからやる』樋口廣太郎（実業之日本社）
『ブルーゾーン 世界の100歳人（センテナリアン）に学ぶ 健康と長寿のルール』ダン・ビュイトナー（ディスカヴァー・トゥエンティワン）
『スティーブ・ジョブズ I・II』ウォルター・アイザックソン（講談社）
『いい会社をつくりましょう。』塚越寛（文屋）
『リストラなしの「年輪経営」』塚越寛（光文社）
『大前研一　敗戦期』大前研一（文藝春秋）
『Gの法則―感謝できる人は幸せになれる』ロバート・A・エモンズ（サンマーク出版）
『トラウマ後 成長と回復：心の傷を超えるための6つのステップ』スティーヴン・ジョセフ（筑摩書房）
『幸之助論』ジョン・P・コッター（ダイヤモンド社）
DIAMOND ハーバード・ビジネス・レビュー　2011年7月号（ダイヤモンド社）

『Positive psychology in a nutshell : A balanced introduction to the science of optimal functioning.』Ilona Boniwell（Pwbc）
『Positive psychology』Kate Hefferon and Ilona Boniwell（McGraw-Hill International）
『SPARK Resilience – A Teacher's Guide』Ilona Boniwell（Positran）
『The Resilience Factor』Karen Reivich, Andrew Shatte（Broadway Books）
『Science of Breath』Rudolph Ballentine, Alan Hymes, Swami Rama（Himalayan Institute Press）
『Risk, resilience, and recovery : Perspectives from the Kauai Longitudinal Study』Emmy E. Werner（Development and psychopathology, 5, 503-503.）
『The Strengths Book : Be Confident, be Successful and Enjoy Better Relationships by Realising the Best of You』Alex Linley, Janet Willars, and Robert Biswas-Deiner（Capp Press）
『Savoring : A new model of positive experience』Fred B. Bryant & J. Veroff（Lawrence Erlbaum Associates Publishers）
『Posttraumatic growth : Positive changes in the aftermath of crisis』Richard G. Tedeschi, Crystal L. Park, and Lawrence G. Calhoun（Psychology Press）
『Jobs, careers, and callings: People's relations to their work』Amy Wrzesniewski（Journal of Research in Personality 31.1（1997）: 21-33）
『Strengths Finder 2.0.』Tom Rass（Gallup Press）

おわりに
〜二〇二〇年に向けて新しいことに挑戦しよう〜

レジリエンスを鍛える七つの技術はこれですべてです。レジリエンス・トレーニングの全貌を理解されたのではないかと思います。

そこで皆さんにお伝えしたことがあります。

行動回避する働き方や、言い訳を繰り返す生き方は、もうやめにしませんか。そして今この時から将来に向けて新しい挑戦にチャレンジしてみませんか。

「失敗しても立ち直ることができる」というレジリエンスを身につければ、本当にやりたい何かが見つかったときに、一歩前に踏み出すことができます。

それは小さな第一歩であってもいいのです。これを「ベイビーステップ」といいます。赤ん坊が一歩ずつ前に出て次第に自立して歩くことができるように、小さな一歩を踏み出し、小さな成功体験を積む重ねることで、自己効力感が内面から生まれ、やる気も継続するものです。

レジリエンスを身につけていれば、それが容易になります。

実際に新しい行動をすると、うまくいくこともあれば失敗することもあります。しかし失敗して学んだことは、精神的な痛みをともなって記憶に長く残り、自分の身となり肉となるものです。その上で「これは自分の成功にとって絶対に必要だ」と危機感を持ちながら学ぶべきことを正しく学ぶと、まるで乾いたスポンジが水を吸い込むように学習することができます。

さらには、成功体験も失敗体験も喜びも悲しみも含め「これらすべてが自分の人生だった」と受け入れて自らの実体験を振り返ることで、腹落ちできるような教訓を手に入れることができるでしょう。それはあなたにとって決して忘れることのない生きた知識として自分の内面に結晶化します。

私は三六歳のときに自分のコーリングと思えることに向けて小さな一歩を踏み出しました。それはレジリエンスに関して自分が学び経験し自分を変えることになった体験を本にして出版することでした。自分がこころの底から素晴らしいと思える実用的なコンテンツを多くの人に紹介することに意義を感じていたのです。

その二年後にそれまでのキャリアをゼロにして本を書くことに専念するという、無謀とも思えるステップを踏みました。娘からは「パパの本はいつ出るの？　本を書くためにP&Gを辞めたんでしょ」と急かされるのですが、結局実績のない著者の本は出版に至らず、一旦あきらめざるをえませんでした。

その後はレジリエンスを社会人に教える仕事にフォーカスします。ビジネスマンにレジリエンスを教える仕事にも意義を感じていたからです。でも自分の真の充実は本の執筆をする時間にあり、その後もコツコツと文章を綴ることだけは続けていました。コーリングであれば、目標が達成できなくとも、その道中で歩き続けることで満たされます。本にして出すことはできなくても、書くこと自体が楽しく、見返りを求めずに没我没頭して執筆していました。

それがあるとき偶然が重なって、本書が出版されることになりました。最初の一歩を踏み出してから約六年後のことでした。妻の励ましや父の本の出版を待ちこがれていた子どもたちの期待、ポジティブサイコロジースクールの受講生・講師・同僚の応援や、本書編集者の田口卓さんの支援なしでは、叶うことのなかった目標だと感じます。私にレジリエンスを高める手法を教えていただいたイローナ・ボニウェル博士にも深く感謝しています。

今から五、六年後の二〇二〇年は、東京でオリンピックが開催されます。日本人にとって節目の年です。人は前向きな目標を定めることで「希望」が生まれ、目標を達成する「意志力」と目標までの道筋を想像する「見通し力」とが組み合わさって、力強く前進することができます。二〇二〇年という節目は、私たち日本人にもたらされた好機ではないでしょうか。

現在の中学生や高校生のなかには「もしかしたら自分がオリンピックに出ることができ

るかもしれない」と希望に燃えて得意なスポーツに励む子どもたちが増えているのかもしれません。大人の私たちだって子どもたちに負けていられません。二〇二〇年に向けて自分が成長するために、より幸せで充実した人生とするために、新しいことにチャレンジをすべきです。

今このときに自分が本当にやりたいことに向けて「ベイビーステップ」をする。そのときにあなたの幸福度がほんの少しだけ上を向きます。始めはわずかな違いでも、それが一年後二年後にはより大きな変化となり、二〇二〇年には行動回避をしてきた人と比べて著しい違いとなっているでしょう。

「無理」と言い訳をする生き方や、新しい仕事や出会いの機会を行動回避する働き方は今年限りでやめにして、新しい自分に変わる一歩を踏み出しましょう。

そのために本書がお役に立てば幸いです。こころから皆さんを応援しています。

二〇一四年二月

久世浩司